BERNHARD HAMPP

Bayern erlesen!

BERNHARD HAMPP

Bayern erlesen!

FÜR LITERATURFREUNDE UND BIBLIOPHILE

Für Ute,

Gute Bücher-Reise!

Bernhard Hampp

Neusäß, 27.11.2018

GMEINER KULTUR

Sofern im Folgenden nicht aufgeführt, stammen alle Fotos vom Autor:
Caritas Buchcafé am Gleis 1 S. 42; Stadtarchiv Ingolstadt S. 44, 46; Literaturarchiv Sulzbach-Rosenberg S. 88; Zisterzienserinnen-Abtei Waldsassen S. 90, 92; Peter Neithardt S. 94; Germanisches Nationalmuseum, Nürnberg S. 120

Besuchen Sie uns im Internet:
www.gmeiner-verlag.de

Im Ehnried 5, 88605 Meßkirch
Telefon 07575/2095-0
info@gmeiner-verlag.de

1. Auflage 2018

Lektorat/Bildredaktion: Katja Ernst
Satz: Julia Franze
Bildbearbeitung/Umschlaggestaltung: Benjamin Arnold
unter Verwendung eines Fotos von © Bernhard Hampp, mit freundlicher Genehmigung der Abtei Metten
Kartendesign: © Maps4News.com/©HERE
Druck: AZ Druck und Datentechnik GmbH, Kempten
Printed in Germany
ISBN 978-3-8392-2289-8

München und der Süden

Augsburg und der Westen

Regensburg und der Osten

Nürnberg und der Norden

München und der Süden

Ludwig-Thoma-Haus in Tegernsee

1914 – 1919
LITERARISCHES MÜNCHEN ZUR ZEIT VON THOMAS MANN
LITERARY MUNICH AT THE TIME OF THOMAS MANN
I assure you that the sound of the Munich dialect, the Munich cadence, always warms the cockles of my heart.
LITERARY MUNICH AT THE TIME OF THOMAS MANN
KULTURELLER HOCHBETRIEB UND BÜRGERLICHER WOHLSTAND
Ich lebe in München, weil die Stadt eine heitere und hübsche Ruhe hat, die der geistigen Arbeit günstig ist.
Heinrich Mann, 1927
Heinrich Mann, 1927

Von der Boheme ins Exil

Literaturarchiv Monacensia in München

»München leuchtete« – so beginnt Thomas Manns (1875–1955) Novelle *Gladius Dei*. Während Mann von 1894 bis 1933 hier lebte, leuchtete München tatsächlich. Die Dauerausstellung im Literaturarchiv Monacensia im Hildebrandhaus wirft Schlaglichter auf eine Epoche, in der die Stadt eine Kultur- und Literaturmetropole europäischen Ranges war.

Schriftstücke, Habseligkeiten, Fotos, aber auch O-Töne und Videos erzählen von Kaiserzeit, Weltkrieg, Räterepublik, leichtfüßigen 20er-Jahren, Naziwahn und noch einmal Weltkrieg. Sie stellt Thomas Mann und die Seinen vor – darunter Bruder Heinrich, Frau Katia, Tochter Erika und Sohn Klaus. Aber auch anderen Münchnern, die das kulturelle Leben einer bewegten Epoche prägten, begegnen Besucher der Künstlervilla am Isarhochufer.

Zum Beispiel Annette Kolb (1870–1967), Autorin von Romanen wie *Die Schaukel* und *Daphne Herbst*. Die Tochter eines Münchners und einer Pariserin kämpfte leidenschaftlich gegen Kriegstreiberei und für deutsch-französische Aussöhnung – im Schaukasten liegt ihr Reisepass. Einst war die Schriftstellerin selbst Gast im Hildebrandhaus. Die mondäne Villa hatte sich der Bildhauer Adolf Hildebrand 1898 bauen lassen. Der vordere, nüchtern gehaltene Teil des Hauses diente ihm als Atelier und Salon. Den hinteren Teil ließ er barock mit einem schneckenhausförmigen Treppenaufgang gestalten.

Die Monacensia ist nicht nur Museum, sondern auch öffentliches Forschungszentrum, Bibliothek und das umfangreichste Literaturarchiv Bayerns. 300 Nachlässe und Vorlässe von Autoren sind hier deponiert. Darunter die komplette Hinterlassenschaft von Klaus und Erika Mann sowie Briefe und Manuskripte ihrer Geschwister Golo, Monika, Michael und Elisabeth Mann. Gegenüber der imposanten Bücherwand mit der Privatbibliothek des deutsch-britischen Schriftstellers Peter de Mendelssohn (1908–1982) finden sich auf zwei Galerien und im Obergeschoss sämtliche Übersetzungen des Werks von Thomas Mann sowie insgesamt 150.000 Bände aus und über München. Auch die Nachlässe von Autoren und Künstlern der Nachkriegszeit wie Herbert Achternbusch, Herbert Rosendorfer und Dieter Hildebrandt sind hier untergebracht. Einiges aus dem reichen Fundus hat Eingang in die Ausstellung gefunden.

Etwa ein Rubinglas mit der Aufschrift »Sei glücklich« aus dem Besitz von Lena Christ (1881–1920). Christ zählt zu den großen bayerischen Volksschriftstellerinnen. In ihren *Lausdirndlgeschichten* und Romanen wie *Mathias Bichler* oder *Madam Bäuerin* porträtierte sie das Leben der Landbevölkerung um 1900 ungeschminkt und humorvoll. Glücklich war sie nicht. In der Autobiografie *Erinnerungen einer Überflüssigen* schilderte sie die Misshandlungen ihrer Kindheit.

Die Monacensia ist im Hildebrandhaus, einer Künstlervilla von 1898, untergebracht

Mit 38 Jahren nahm sich die schwer Traumatisierte das Leben. Ausgestellt ist auch Christs Abschiedsbrief an ihren Förderer Ludwig Thoma.

Thoma war in München unter anderem als Redakteur des *Simplicissimus* tätig. Diese satirische Wochenzeitschrift, die 1896 von Verleger Albert Langen begründet wurde und bis 1944 Bestand hatte, prägte Münchens Ruf als Künstlerstadt. Autoren wie Jakob Wassermann und Zeichner wie Olaf Gulbransson drückten ihr den Stempel auf.

Aus dem Umfeld des *Simplicissimus* erwuchs auch Deutschlands erstes politisches Kabarett *Elf Scharfrichter*, das von 1901 bis 1904 in der Maxvorstadt Gesangsnummern, Gedichte und Szenen darbot. Einer der Stars der Brettl-Bühne war der Bänkelsänger, Poet und Dramatiker Frank Wedekind (1864–1918). Die Laute, auf der er seine scharfzüngigen Balladen begleitete, liegt im Hildebrandhaus zu Füßen von Wedekinds Schreibtisch. Das Möbelstück zierte dessen Wohnung in der Prinzregentenstraße.

Franziska Gräfin zu Reventlow (1871–1918) vertraute ihrem Tagebuch 1903 an, sie habe sich auf dem Scharfrichterball zu Fasching »wieder in W(edekind) verliebt«. Die Malerin und Autorin galt wegen ihres unabhängigen Lebensstils als Königin der Schwabinger Bohème. Ihr *Herrn Dames Aufzeichnungen: Oder Begebenheiten aus einem merkwürdigen*

Stadtteil von 1913 wurde zum Schlüsselroman einer unbeschwerten Zeit.

Der Erste Weltkrieg setzte all dem ein Ende. Die Ausstellung illustriert das am Beispiel von Ludwig Thoma, der sich vom kritischen Liberalen zum vaterlandsvernarrten Kriegsfreiwilligen wandelte. Ein Foto zeigt ihn in Uniform. Nach dem verlorenen Krieg avancierten Schriftsteller wie Ernst Toller, Erich Mühsam und Heinrich Mann zu Hauptfiguren der kurz währenden Münchner Räterepublik. Schon im April 1919 schlug die Armee das politische Experiment blutig nieder. Bayern wurde zur ultra-konservativen Ordnungszelle Deutschlands.

Der in München geborene Romancier Lion Feuchtwanger (1884–1958) porträtierte diese Zeit der Inflation, in die auch der gescheiterte Hitler-Putsch von 1920 fiel, in seinem Roman *Erfolg. Drei Jahre Geschichte einer Provinz*. An der Wand ist daraus zitiert: Die Veranstaltungen des Komikers Balthasar Hierl habe Kleinbürger, »Dreiviertel-Rentner«, aber auch »Großkopfige« angelockt. In Feuchtwangers Hierl ist unschwer der Münchner Karl Valentin (1882–1948) zu erkennen. Der tragikomisch-geniale »Linksdenker« – so nannte ihn Kurt Tucholsky – perfektionierte auf hintergründige Art die Kunst des »saudumm Daherredens«. Als Beweis ist ein Kärtchen zu sehen, auf das er seinen verqueren Dialog vom *Radfahrer* gekritzelt hatte. Gleich daneben: die Klarinette seiner kongenialen Bühnenpartnerin Liesl Karlstadt. Bayerische Dramatiker wie Ödön von Horváth und Bert Brecht nahmen Impulse von Volkskünstlern wie Valentin und Karlstadt auf, um das Theater zu revolutionieren.

Andere Töne schlugen die Nazis an, die München zur »Hauptstadt der Bewegung« machten. Erika Mann bekämpfte sie erst mit ihrem antifaschistischen Kabarett *Die Pfeffermühle*. Dann muss sie wie der Rest der Familie emigrieren. Zu sehen sind ihr Reisekoffer und die Uniformjacke, in der sie als Angehörige der US Army zurückkehrte, um Deutschland zu befreien. In einem Video interviewt ihr Bruder Klaus Mann als Soldat der US-Streitkräfte Nazi-Verbrecher Hermann Göring.

Der zweite geschichtsträchtige Schreibtisch im Hildebrandhaus gehörte dem oberbayerischen Geschichtenerzähler Oskar Maria Graf (1894–1967) und stand in dessen Wohnung in Upper Manhattan, New York. An die Schreibtischladen hatte der Exilant Adressen seiner deutschen Freunde und Postkarten bayerischer Schlösser, Seen sowie eines Schuhplattlers geklebt. Graf flanierte in Lederhosen durch New York. Er vermisste seine Heimat, während er auf seiner Smith-Corona-Schreibmaschine sein Hauptwerk *Das Leben meiner Mutter* (1940) tippte.

Bayerns Bücherherzkammer

Bayerische Staatsbibliothek in München

Wo gibt es Handschriften auf Birkenrinde, Elfenbein, Gold oder Knochen? In der Bayerischen Staatsbibliothek mit ihrer asiatischen Sammlung zigtausender gedruckter und geschriebener Werke auf Tibetisch, Singhalesisch und unzähligen anderen Sprachen. Doch das ist nur ein winziger Teil der Bücherherzkammer Bayerns, die mit zehn Millionen Bänden als eine der bedeutendsten Universalbibliotheken Europas gilt.

Vor der Fassade in der Münchner Ludwigstraße wachen Statuen von Thukydides, Homer, Aristoteles und Hippokrates über die Sammlung. 1558 als Herzogliche Bibliothek gegründet, wuchsen ihre Bestände explosionsartig durch die Säkularisation der Klöster nach 1803. Als legendärer Bücherjäger bereiste damals Hofbibliothekar Johann Christoph von Aretin die Büchereien der Nonnen und Mönche. Wertvolle Funde konfiszierte er und ließ sie nach München schaffen. So auch eine Handschrift mit Lied- und Dramentexten des 11. und 12. Jahrhunderts aus dem Kloster Benediktbeuern. Diese sogenannten *Carmina Burana* vertonte Carl Orff 1937.

Den Bibliotheksbau errichtete Architekt Friedrich Gärtner von 1832 bis 1843 im Auftrag König Ludwigs I. Im Zweiten Weltkrieg wurde er fast völlig zerstört – mit ihm ein Viertel des Bestands. Das wiederaufgebaute Gebäude zeigt sich schmucklos.

Bayerns größte Bibliothek sammelt Pflichtexemplare aller Veröffentlichungen, die im Freistaat erscheinen – sowie weltweit alles, was Bayernbezug hat. In den sechs Lesesälen sind 240.000 Bände und 18.000 aktuelle Zeitschriften zugänglich. Der größte davon, der *Allgemeine Lesesaal*, bietet auf drei Ebenen 636 Sitzplätze. In Spezial-Lesesälen können Forscher etwa Landkarten oder Bavarica studieren. 41.000 abendländische sowie 81.000 orientalische und asiatische Handschriften schlummern in den Magazinen, dazu 70.000 Musikhandschriften. Zu den Schätzen zählen das um 800 entstandene *Wessobrunner Gebet* – das älteste christliche Gedicht deutscher Sprache – sowie die Leithandschrift A des Nibelungenliedes. Die Nachlässe von Oskar Maria Graf, Richard Strauss und mehr als 1.000 anderen Persönlichkeiten lagern hier. Unter den 36.000 Autografen im Bestand sind Dokumente der Literaturgeschichte: wie der Brief, in dem die Autorin Lena Christ 1920 ihren Selbstmord ankündigte.

Schmökern im Bücherschloss

Internationale Jugendbibliothek in München

Wie in einem Leuchtturm ist es hier! Vorbei an Vulkansteinen, Skarabäus-Figuren, Bildern von Schiffen und Matrosen, zwischen weiß gestrichenen Wänden und leuchtend rotem Stahl führt eine Wendeltreppe in die Höhe. Das mit dem Leuchtturm soll so sein: Im alten Südostturm von Schloss Blutenburg dreht sich nämlich alles um den Kinderbuchautor James Krüss (1926–1997). Auf Helgoland geboren, auf Gran Canaria gestorben, schrieb er unvergessliche Geschichten vom *Leuchtturm auf den Hummerklippen*, den *Glücklichen Inseln hinter dem Winde* und *Henriette Bimmelbahn*, dazu eine Menge lustiger und nachdenklicher Gedichte. In der Vitrine, die sich über die ganze Höhe des Turms erstreckt, liegt ein Teil von Krüss' Nachlass. Das kleine Krüss-Museum ist nur eines von vielem Entdeckenswertem auf dem Gelände der Internationalen Jugendbibliothek. Das weltweit einzigartige Bücherschloss in München-Obermenzing ist ein riesiges Reich der Fantasie.

Gleich neben der Schlossschenke, im Neuen Saalbau, können kleine und große Besucher zum Beispiel in den Romanen von Michael Ende (1929–1995) schmökern: unter ihnen Jugendbuchklassiker wie *Momo*, *Die unendliche Geschichte* oder *Jim Knopf und Lukas der Lokomotivführer*. Der Autor, der in Garmisch zur Welt kam, verbrachte den größten Teil seines Lebens in München. Seine Witwe Mariko Sato-Ende hat der Jugendbibliothek viele Gegenstände und rund 3.000 Bände aus der Privatbibliothek des Schriftstellers vermacht. Neben dem Momo-Manuskript sind etwa die geliebten Tabakspfeifen, eine selbstgebaute Marionette und ein blauer indischer Buddha-Kopf Endes ausgestellt. Ein Schrank enthält über 550 Originalausgaben der 30 Werke Michael Endes in mehr als 40 Sprachen. Interessant ist herauszufinden, welche Bücher Ende selbst gelesen hat. Zum Beispiel die 30-bändige *Bibliothek von Babel*, herausgegeben von Jorge Luis Borges. Ein Gemälde, das sein Vater – der surrealistische Maler Edgar Ende (1901–1965) – 1951 schuf, zeigt den Schriftsteller mit einem Fuchs zu seinen Füßen und einer rätselhaften Kugel in der Hand.

Ein herrlich gemütliches Lesereich bietet das Kabinett unter dem Dach des Alten Saalbaus, benannt nach Binette Schroeder, der 1939 geborenen Bilderbuchautorin und -illustratorin. Deren Bücher, in denen Figuren wie Lupinchen und Laura inmitten märchenhafter Landschaften Abenteuer erleben, liegen zum Anschauen und Lesen bereit. Hier findet

Das Binette-Schroeder-Kabinett in der Internationalen Jugendbibliothek

Die Blutenburg beherbergt die Internationale Jugendbibliothek

sich nämlich das Gesamtwerk Schroeders – und obendrein ihre vielsprachige Kinderbuchsammlung. Überall sind Hingucker verstreut. Die Regalbeine tragen Schühchen, in Nischen ist Spielzeug verborgen. Dort fährt ein ängstlich dreinblickender Frosch mit der Eisenbahn, da harren uralte weiße Holzpferde aus. In einer Holzkiste, die Augen, Mund und Nase hat, versteckt sich eine riesige rote Blüte, auf der Bienen und Käfer herumkrabbeln. Wird eine Lade im Bücherregal aufgeklappt, so erscheinen Bilderbuchfiguren, die sich sogar bewegen.

Der Uhrenturm wiederum ist Erich Kästner (1899–1974) gewidmet. Darin stehen der Lesesessel und der Schreibtisch des Schriftstellers – und natürlich ein Regal mit seinen Kinderromanen wie *Emil und die Detektive* und *Das fliegende Klassenzimmer*. Kästner lebte von 1945 bis zu seinem Tod in München.

Die größten Schätze schlummern unter der Erde: Im Magazin lagern mehr als 600.000 Kinder- und Jugendbücher in 130 Sprachen. Vieles existiert nur hier und nirgendwo sonst, vermutlich weil Literatur für die Jüngsten vielerorts als Gebrauchsgegenstand gilt und nach dem Lesen weggeworfen wird. Interessenten können im wissenschaftlichen Lesesaal einen Blick in diese riesigen Bestände werfen.

Diese Kostbarkeiten zu bewahren und zugänglich zu machen, war das Ziel der Bibliotheksgründerin Jella Lepman (1891–1970). Wegen ihrer jüdischen Abstammung musste die Stuttgarter Journalistin aus Nazi-Deutschland nach England emigrieren. In ihrer 1964 erschienenen Autobiografie *Die Kinderbuchbrücke* beschrieb Lepman ihre Rückkehr ins kriegsverwüstete Deutschland. Als Angehörige der US Army mit Offiziersrang sollte sie sich um die *Re-education* von deutschen Frauen und Kinder kümmern. »Lassen Sie uns bei den Kindern anfangen, um diese gänzlich verwirrte Welt langsam wieder ins Lot zu bringen«, sagte Lepman 1945 und organisierte eine Ausstellung der besten Kinderbücher aus aller Welt. So freuten sich die ausgehungerten und verängstigten Kinder im Jahr 1945 über 4.000 Bücher im Münchner Haus der Kunst. Lepman, die von Prominenten wie Erich Kästner, Carl Zuckmayer und der US-Präsidentengattin Eleanor Roosevelt unterstützt wurde, gründete schließlich 1949 in der Münchner Kaulbachstraße die Jugendbibliothek. Eine Besonderheit, die sie sich ausgedacht hatte, beschreibt den liebenswerten Geist dieser Einrichtung: In einer versteckten Nische konnten Kinder heimlich Bücher deponieren, die sie vergessen hatten zurückzugeben.

Seit 1983 residiert die Internationale Jugendbibliothek auf dem geschichtsträchtigen Wasserschloss Blutenburg. Der spätere Herzog Albrecht III. von Bayern (1401–1460) hatte es ab 1431 für seine vergötterte Frau Agnes Bernauer (1410–1435) erbaut. Doch die Liebesgeschichte endete tragisch, denn Albrechts Vater, Herzog Ernst (1373–1438), war die Liaison mit der einfachen Baderstochter ein Dorn im Auge. Er ließ die 25-Jährige bei Straubing in der Donau ertränken.

Betreiber der Internationalen Jugendbibliothek ist eine Stiftung, Zuschüsse kommen von mehreren Bundesministerien, dem Freistaat Bayern und der Stadt München. Das Ziel damals wie heute: mit Kinderbüchern weltweit Brücken bauen und so früh wie möglich die Lust aufs Lesen wecken.

Deshalb befinden sich auf dem Schlossgelände auch eine öffentliche Kinderbücherei sowie ein Mal- und Bastelstudio, das viele Aktivitäten rund ums Lesen anbietet. Die Jugendbibliothek reist weltweit mit Wanderausstellungen zu Buchmessen, in Bibliotheken und Schulen. Von ihrem Stipendienprogramm profitieren jährlich 12 bis 16 Kinder- und Jugendbuchautoren. Die Institution gibt den Empfehlungskatalog *The White Ravens* mit Neuerscheinungen für Kinder und Jugendliche heraus, konzipiert einen Wochenkalender mit Gedichten für Kinder und verleiht jährlich den James-Krüss-Preis an Kinderbuchautoren.

Literaturhaus
1
Salvatorpl.

Erotik in der Kaffeetasse

Literaturhaus München

»Mehr Erotik bitte«: Wer im Münchner Literaturhaus einen Kaffee getrunken hat, könnte diese Worte auf dem Grund der Tasse entdecken. Vielleicht steht auf der Untertasse auch noch »Mehr Sexualität, die Herrschaften«. Beides sind Zitate von Oskar Maria Graf (1894–1967). Der bayerische Romancier ist einer der »Hausgötter« des 1997 eröffneten Literaturhauses am Salvatorplatz – Münchens erste Adresse für Lesungen, Poetry Slams, Literaturausstellungen und Schreibworkshops.

Die Graf-Zitate sind Teil eines von der New Yorker Künstlerin Jenny Holzer geschaffenen Denkmals zu Ehren des Autors, das ins Haus integriert ist. Seine Aussprüche finden sich in der hauseigenen *Brasserie OskarMaria* auch auf den Tischsets aus Papier, dem elektronischen Spruchlaufband über der Bar, den Rückenlehnen der Sitzbänke sowie den Granittischen vor dem Haus.

Während im Erdgeschoss neben der Brasserie aktuelle Ausstellungen, meist zu literarischen Themen und Autoren mit Münchenbezug, zu finden sind, beherbergt der ehemalige Turnsaal der einstigen Mädchenrealschule – der ersten in Bayern – ein Stockwerk höher eine kleine Bibliothek. Hier oder im großen Saal finden sich fast täglich renommierte Schriftsteller aus dem In- und Ausland zu Lesungen ein. Außerdem haben Institutionen wie der Landesverband Bayern im Börsenverein des Deutschen Buchhandels im Gebäude ihre Büros. Mit seiner Bayerischen Akademie des Schreibens bietet das Literaturhaus Seminare für junge Autoren an.

In den 90er-Jahren wurde der renovierungsbedürftige Renaissancebau vom Architekturbüro Kiessler + Partner mit einer Stahl-Glas-Konstruktion versehen. Dadurch erlaubt nun die Glasfront im obersten Stock den Blick auf ein Münchner Wahrzeichen, die Theatinerkirche mit ihren bauchigen Kuppeln. Wer diese Etage betritt, wird von einem mächtigen Braunbären begrüßt. Der ausgestopfte Petz erinnert an Thomas Mann (1875–1955), den zweiten »Hausgott« des Literaturhauses. Das Tier stand bis zur Emigration des Literaten 1933 in dessen Haus an der Poschingerstraße. Die Familie Mann hatte ihn von Verwandten aus Sankt Petersburg geschenkt bekommen. Thomas Mann verewigte ihn im Roman *Buddenbrooks*, wo ein Pastor der Familie zur Taufe des jüngsten Sohnes Hanno den ausgestopften Meister Petz mitbringt.

Bibliothek
Liebe Bibliotheksbesucherinnen,
liebe Bibliotheksbesucher,
die Mitnahme von Mänteln und Jacken
ebenso Taschen und Rucksäcken
in den Lesesaal ist nicht gestattet.
Auch die Handybenutzung sowie
Essen, Trinken und Rauchen bitten wir
zu unterlassen.
Vielen Dank für Ihr Verständnis
Die Bibliotheksleitung
Dear visitors,
coats and jackets as well as bags,
briefcases, and backbacks are
not permitted in the reading rooms.
We also ask that you do not eat, drink
or smoke or use cellular phones while
in the library.
Thank you
The Library Director

Die Technik macht's

Bibliothek des Deutschen Museums in München

Im Deutschen Museum gibt's viel zu bestaunen: den vergrößerten Nachbau einer menschlichen Zelle, das erste Motorflugzeug der Gebrüder Wright, den Computer-Urahn namens Z3 von Konrad Zuse, Nachbildungen der Deckenmalereien der spanischen Altamira-Höhle und vieles, vieles mehr. Aber für Bücherfreunde ist die Entdeckungsreise durch das umfangreichste Technikmuseum der Welt nur das Vorspiel: Sie schlendern vom Ausgang aus schnurstracks über den Hof. Dort bewachen die Steinreliefs eines Greifen, einer Sphinx und weiterer Fabelwesen das Portal zu Deutschlands größter Museumsbibliothek.

950.000 Bände werden hier aufbewahrt. Was Erfinder gedacht, Wissenschaftler ersonnen, Tüftler ausprobiert und Ingenieure konstruiert haben, liegt zum Nachlesen bereit. Darunter auch seltene Abhandlungen des Universalgelehrten Albertus Magnus oder des Mathematikers Leonhard Euler. *The Book of Perfumes* des Meisterparfümeurs Eugène Rimmel von 1865 gehört ebenso zu den Schätzen der Bibliothek wie Louis Daguerres Abhandlung *Historique et description* von 1839, welche die Fotografie mitbegründete. Auch *Der Vogelflug als Grundlage der Fliegekunst* (1889) von Otto Lilienthal ist zwischen diesen Mauern zu finden. Sowie die Liebesbriefe des Flugpioniers an seine spätere Frau Agnes Fischer. Denn außer Büchern und 16.000 älteren, oft vergriffenen Zeitschriften beherbergt das Gebäude von 1933 ein riesiges Spezialarchiv mit 300 Nachlässen: zum Beispiel den des Physikers Ferdinand Braun oder der Fliegerin Hanna Reitsch.

Angemeldete Nutzer können in Patentschriften, Firmenkatalogen, Gebrauchsanweisungen, Musterbüchern und Brückenbauplänen blättern. Ganze Firmenarchive – etwa der Luftfahrtunternehmen Junkers und Heinkel – liegen hier, außerdem Dokumente zum Atomprogramm der Nationalsozialisten und das Laborjournal Otto Hahns mit der Entdeckung der Kernspaltung.

Das Bibliotheksgebäude wurde im Zweiten Weltkrieg schwer beschädigt – die Bücher blieben jedoch unversehrt. Heute gelten die beiden Lesesäle auf der Museumsinsel als Geheimtipp für Studierende und Wissenschaftler, die in Ruhe arbeiten und aktuelle Fachzeitschriften lesen wollen. Jährlich 40.000 Nutzer zählt die Bibliothek, die Dokumente auch weltweit per Fernleihe und vielfach digital verfügbar macht.

Bibliothek der verbrannten
und verbannten Bücher
The Library of Burned and
Banned Books

Zuerst brannten die Bücher

NS-Dokumentationszentrum München

Prasselnder Regen hielt sie nicht ab. Grölend marschierten sie zum Königsplatz, wo 50.000 Schaulustige warteten. Zwischen den antikisierenden Prachtbauten warfen die Hitler-Anhänger Bücher pazifistischer, jüdischer und sozialistischer Autoren ins Feuer. Die Bücherverbrennung der Deutschen Studentenschaft lief am 10. Mai 1933 in rund 100 deutschen Städten ab. München als Ort des gescheiterten Hitlerputsches von 1923, Gründungsort der NSDAP und laut den Nazis »Hauptstadt der Bewegung« durfte da nicht fehlen. Die Bücher von Anna Seghers, Erich Maria Remarque, Erich Kästner und vielen anderen gingen in Flammen auf.

Werke dieser Autoren sind heute im Untergeschoss des NS-Dokumentationszentrums am Königsplatz zu sehen. Die Bibliothek der 12.000 verbrannten und verbannten Bücher hat der Sammler Georg P. Salzmann zusammengetragen und 2009 an die Uni Augsburg verkauft. Eine Auswahl ist im Lernforum des Zentrums ausgestellt.

Die 2015 eröffnete Einrichtung am Ort der NS-Parteizentrale zeichnet den Weg in die Hitler-Diktatur nach. Fotos, Dokumente und Medien erläutern auf 1.000 Quadratmetern, welche Rolle München dabei spielte: Im benachbarten Führerbau, heute Hochschule für Musik und Theater, trafen Deutschland, Großbritannien, Frankreich und Italien 1938 das Münchner Abkommen zur Annektierung des Sudetenlands. Propagandaminister Joseph Goebbels rief in einer Hetzrede am 9. November 1938 im Münchner Rathaus zu Übergriffen auf Juden auf und löste die Pogromnacht aus. Das Konzentrationslager im nahen Dachau diente als Blaupause für die europaweiten NS-Vernichtungslager. Aber auch die Widerstandsbewegung *Weiße Rose* wirkte hier.

Die Schau thematisiert die Rolle der Schriftsteller im »Dritten Reich«: Nur wer Mitglied in der Zwangsorganisation Reichskulturkammer war, durfte publizieren. Etliche Münchner Künstler emigrierten – wie Thomas Mann. Andere passten sich an – wie der Intendant der Münchner Kammerspiele, Otto Falckenberg. Manche bejubelten das Regime – so zunächst auch der Volkssänger Weiß Ferdl.

Wie war das Leben im totalitären Staat? War Widerstand möglich? Wie wurde und wird nach 1945 mit dem Nazi-Erbe umgegangen? Diesen und anderen Fragen geht das Zentrum nach – auch mit Sonderausstellungen, Vorträgen und Diskussionen.

Blick in die Bibliothek der verbrannten und verbannten Bücher im NS-Dokumentationszentrum München

Bilder aus der Heimat
SPINDLER
C. H. BECK
STUDIA SUARZACENSIA
Maximilian I.
LUDWIG I. VON BAYERN
BAYERISCHE KIRCHENGESCHICHTE
LANDKREIS ERDING
Grün in München
Katalog
Reichsstädte in Franken
Das Bistum Freising im Mittelalter
Bayerische Rokokoplastik
Der Dom zu Unserer Lieben Frau in München
BILDER ZUR VORGESCHICHTE BAYERNS
DAS UNTERIRDISCHE BAYERN
Herzöge und Heilige
Die Münchner Kirchen

Erlesenes ab 50 Cent

Antiquariat Kitzinger in München

Der kultivierte *Paradiesmann* – so erfahren Leser in Sandra Parettis gleichnamigem Roman von 1983 – ist Kunde bei Kitzinger. Die Regensburger Autorin, die in München studierte, kannte das Uni- und Bücherviertel zwischen Schelling-, Amalien- und Türkenstraße. Nach dem Besuch bei Kitzinger, dem traditionsreichsten unter mehreren Antiquariaten der Gegend, könnte es auf einen Kuchen im nahen Café Schneller, abends auf ein Bier bei *Atzinger* gehen.

Das ist die Welt von Bernhard Kitzinger, Antiquar in vierter Generation. Die Messingklinke zu seinem Laden, in dem sich Tausende Bücher stapeln, drücken Studenten, Doktoranden, Professoren, Autoren und Verleger herunter. Hans Magnus Enzensberger war hier, Violinistin Anne-Sophie Mutter hat in Noten gestöbert, Politiker Peter Altmaier schaut gelegentlich vorbei. Im Schaufenster sind Erstausgaben und seltene Drucke arrangiert. Bücher gibt es im Laden schon ab 50 Cent. Anfang der 80er-Jahre, erzählt Kitzinger, stand seine Familie vor der Wahl: Luxusantiquariat oder Volksantiquariat? Die Entscheidung fiel auf Letzteres. »Lieber verkaufe ich 50 günstige Bücher am Tag als ein teures«, sagt Bernhard Kitzinger, der 1994 Teilhaber und mit dem Tod seines Vaters Raimund Kitzinger 2013 zum Alleininhaber wurde.

50 Bücher am Tag? Das ist heute nicht mehr leicht: »Zu Semesterbeginn sind die Kneipen voll, die Buchhandlungen aber leer«, klagt Kitzinger, der findet: »Studenten lernen nur noch Skripte auswendig und lesen keine Bücher mehr.« Die Zeiten, in denen sein Urgroßvater, Johann Kitzinger aus Straubing, der das Unternehmen 1892 gründete, und sein Großvater Josef Kitzinger den Laden führten, waren anders – das weiß Bernhard Kitzinger. Auch sein Vater Raimund Kitzinger, der bedeutende Professorenbibliotheken kaufte, konnte auf einen weit größeren Kundenkreis bauen. Als Kind in den 60er-Jahren hat Bernhard Kitzinger miterlebt, wie die Kasse im Minutentakt klingelte. Das ist vorbei. Heute macht der Buchhändler, der auch die Unibibliothek und die Staatsbibliothek beliefert, einen Großteil der Geschäfte im Internet. »Was allerdings hier im Laden steht, gibt's nicht im Netz.« Gleiches gilt für das Flair und den Duft der alten Bände: Wer diese urige Bücherbastion einmal besucht hat, kommt wieder.

Wer bietet mehr?

Auktionshaus Hartung & Hartung in München

Ein Hammer wäre zu schwerfällig. Felix Hartung tippt mit einem Kugelschreiber auf den Tisch. Zum Ersten, zum Zweiten, zum … Dritten. Soeben ist ein Buchschatz für mehrere Zehntausend Euro weggegangen. Den Zuschlag hat einer der 80 Bieter im Saal bekommen. Er hatte bis zum Schluss die nummerierte Tafel hochgehalten. Weder die schriftlichen Bieter noch die Interessenten, die telefonisch in den Auktionsraum zugeschaltet waren, wollten höher gehen.

Versteigerer Felix Hartung führt gemeinsam mit seiner Schwester Katharina das Haus am Münchner Karolinenplatz. Gegründet hat es sein Vater Karl Hartung, der als Mitarbeiter und späterer Teilhaber im Kunst-Auktionshaus Karl & Faber wertvolle Fürstenbibliotheken versteigerte, ehe er sich 1971 selbstständig machte.

Bis in die 1930er-Jahre war der Karolinenplatz ein Zentrum des internationalen Bücherhandels. Rund ein Dutzend Antiquariate, viele davon im Besitz jüdischer Geschäftsleute, bot in dieser Gegend Kostbares feil. Nun erinnert nur noch das Palais von Hartung & Hartung daran. Hier sind wertvollste Werke zu erstehen: zum Beispiel die Weltchronik, in welcher der Nürnberger Arzt und Humanist Hartmann Schedel (1440–1514) mit 1809 Holzschnitten auf 596 Seiten den Lauf der Geschichte darstellte. Eine kolorierte Ausgabe ersteigerte ein Privatbieter im Frühjahr 2017 für 130.000 Euro.

Entscheidend für den Wert eines Buches sind Seltenheit und Erhaltungszustand. Weil viele Bibliophile das selbst beurteilen möchten, bietet Hartung vor seinen beiden jährlichen Auktionen im Frühjahr und Herbst Besichtigungstermine an. Inmitten hoher Bücherregale blättern die Interessenten dann in makellosen Folianten oder abgegriffenen Bändchen.

Die Auktionen dauern zwei Tage. Früher nahmen noch mehr Bibliophile an den Versteigerungen im Saal teil. Mittlerweile, erzählt Hartung, scheut mancher die Reise und verlässt sich auf den illustrierten Katalog, der für sich schon ein Sammlerstück ist. Gebote werden dann schriftlich oder telefonisch abgegeben. Die meisten Bieter sind selbst Antiquare und fahnden nach wertvollen Stücken, die sie kaufkräftigen Kunden anbieten können. Aber auch Vertreter öffentlicher Institutionen wie Bibliotheken und private Sammler siegen manchmal im Rennen um ein edles Buch.

Hortus Eystettensis in der Eichstätter Universitätsbibliothek

III
Tabernæmont. Buch 2. Blat 352.
Palma Christi, Satyri species, Serapias palustris, folia producit Plantagi-
Tabernæmont. Buch 2. Blat 357.

Maria
David M. Loades
Tudor
FRIEDRICH
DER GROSSE
DAISY
PLESS
W. JOHN
KOCH
Langenscheidt Bei uns zu Hause
WEG-WEISER UND WANDERER WILHELM MÜNKER

9 *Schnäppchenparadies für Bücherjäger*

Gröbenzeller Bücherflohmarkt

Einmal im Jahr gibt es für Bayerns Bücherjäger nur eine Adresse. Scharenweise pilgern sie zum Gröbenzeller Sportzentrum, ausgerüstet mit geräumigen Möbelhaustaschen und Bergsteigerrucksäcken. Ihr Ziel ist die Wildmooshalle. Dort erwarten sie in 16 langen Reihen, auf Biertischen und darunter, Krimis, Gartenratgeber, Bilderbücher und vieles, vieles mehr.

Aber keine Spur von Durcheinander. Der Gröbenzeller Flohmarkt gilt als hervorragend sortiert. Die Reiseführer sind nach Ländern unterteilt, die Kinderbücher nach Alter sortiert, die Tierbücher getrennt nach Katzen, Hunde und Fische.

In den Buchdeckeln stehen Preise zwischen 50 Cent und 3,50 Euro. Entlang der Turnhallenwände sitzen Erwachsene und Kinder und schmökern schon mal drauflos. Schließlich muss man ja wissen, ob es sich lohnt, die Bände zu einer der 16 Kassen zu tragen. Dort, und über die ganze Halle verteilt, wuseln Ehrenamtliche in grünen Poloshirts herum. Rund 120 Personen legen sich für den Verein *Gröbenzell hilft* ins Zeug. Ihre Zahl wächst stetig seit dem ersten Bücherflohmarkt, der Mitte der 90er-Jahre im evangelischen Gemeindehaus stattfand.

Der Erlös fließt komplett in soziale Projekte – in Gröbenzell, aber auch in Entwicklungsländern. Helfer sind immer willkommen. »Wir könnten noch kräftige Träger brauchen«, sagt Organisatorin Renate Müller. Schließlich wiegt eine Bananenkiste voll Bücher rund 20 Kilo. Arbeit gibt es das ganze Jahr über, etwa wenn dem Verein vollständige Bibliotheken gespendet werden. In der Woche vor Rosenmontag ist eine Annahmestelle eingerichtet. Die Faschingsferien nutzen die Flohmarkt-Macher für den Aufbau. Am Samstag nach Aschermittwoch startet der Markt. Damit auch die Besucher am zweiten Flohmarkttag Schnäppchen machen können, werden die Lücken in den Reihen am Samstagabend mit Büchern aus dem Lager neu befüllt.

Meist findet mehr als die Hälfte von 80.000 angebotenen Werken Käufer. »Gut gehen Krimis, Science Fiction, Kochen, Kunst und Noten – alte Romane und Bildbände nicht so«, sagt Renate Müller. Was übrig bleibt, übernimmt ein Händler. Sonntag um 16 Uhr wird der Flohmarkt geschlossen. Dann beginnt das große Aufräumen, denn noch am Abend muss die Halle leer sein: Am Montag findet dort ja wieder Sportunterricht statt.

BAUERNTHEATER IN MURNAU UND AM TEGERNSEE
FOLK THEATRE IN MURNAU AND AT TEGERNSEE

Abgründe am Alpenrand

Ödön von Horváth und Gabriele Münter im Schloßmuseum Murnau

Als Ödön von Horváth am 1. Juni 1938 auf den Pariser Champs-Élysées von einem herabstürzenden Ast erschlagen wurde, trug er eines seiner Gedichte in der Jackentasche: »Und die Leute werden sagen / In fernen blauen Tagen / Wird es einmal recht / Was falsch ist und was echt. / Was falsch ist, wird verkommen / Obwohl es heute regiert, / Was echt ist, das soll kommen, / Obwohl es heute krepiert.«

In seinen Stücken, Romanen und Prosaskizzen hatte Horváth das Echte gesucht, das Falsche entlarvt, der Wirklichkeit der einfachen Leute auf den Zahn gefühlt und Scheinheiligkeit aufgedeckt. Im *Schloßmuseum Murnau* ist dem ungarischen Staatsbürger deutscher Muttersprache, der als Schöpfer des modernen Volkstheaters gilt, unter dem Dach eine eigene Abteilung gewidmet.

Familienfotos, Lebenslauf, Hörstationen und Originaldokumente erzählen vom Diplomatensohn, der 1901 in Fiume, heute Rijeka in Kroatien, geboren wurde. 1920 kam Ödön von Horváth mit den Eltern und seinem Bruder Lajos erstmals zur Sommerfrische nach Murnau. Der wohlhabende Vater kaufte dort ein Grundstück und ließ ein zweites Familiendomizil zusätzlich zum Münchner Haus bauen. Ödön, der verschiedene Schulen sowie kurz die Universität besucht hatte und nun erste Schritte als Schriftsteller machte, wohnte ab 1924 überwiegend hier.

Der Ort Murnau, in dem 3.000 Menschen lebten, hatte zu jener Zeit bereits das Geschäft mit den Fremden als Einnahmequelle entdeckt. Horváth liebte einerseits die touristischen Möglichkeiten und unternahm Bergtouren ins Wettersteingebirge. Eine Aufnahme im *Schloßmuseum* zeigt den schlanken, hochgewachsenen Mann mit pechschwarzen Haaren im Strandbad am Staffelsee beim Ringkampf mit einem Freund. Ihn beschäftigten aber auch die Schattenseiten des Tourismus – wie in seiner bitteren Komödie *Zur schönen Aussicht* von 1926 um ein heruntergekommenes Hotel und seine Gäste. Das Hotel besaß in Murnau ein reales Vorbild.

Überhaupt war das, was er auf der Straße und an Stammtischen sah und hörte, Inspirationsquelle. Hier in Murnau beobachtete er die einfachen Menschen, sog ihre derbe Sprache auf, ahnte ihre Abgründe – wie er es schon vorher in München getan hatte. Als einer der ersten Schriftsteller nahm sich Horváth der hilflosen Angestellten und Eisenbahnarbeiter, der verhuschten Fräulein und sadistischen Ehemänner, der Witwen, Huren und

Zuhälter an. In Murnau schöpfte er aus dem Vollen. Einige der Büchlein, in denen er Alltagsszenen notierte, liegen im Museum neben seiner *Hermes-Media*-Schreibmaschine. Auch die hiesigen Bauerntheater regten ihn an. In Murnau entstanden seine Volksstücke *Geschichten aus dem Wiener Wald* (1931), *Kasimir und Karoline* (1932) und *Glaube Liebe Hoffnung* (1932) sowie der Roman *Der ewige Spießer* (1930). Museumsbesucher können an einer Audiostation Ausschnitten aus einigen dieser Werke, wie denen von Eishockeyspieler Harry Priegler aus *Der ewige Spießer* lauschen. Sprecher sind Martina Gedeck und Wolf Euba.

Schloßmuseum Murnau – Außenansicht

Ein Vertrag mit dem Berliner Ullstein-Verlag – er ist im *Schloßmuseum* ausgestellt – erlaubte es Horváth ab Ende der 1920er-Jahre, von der Schriftstellerei zu leben. Er war nicht mehr auf den Vater angewiesen. Noch 1927 hatten der Murnauer Gemeinderat und die Regierung von Oberbayern Horváths Gesuch auf Einbürgerung abgelehnt. Begründung: Es sei nicht sicher, dass sich der junge Mann auf Dauer selbst ernähren könne. Diese Abfuhr veranlasste Horváth, der oft demonstrativ bayerisch in kurzen Lederhosen aufgetreten war, sich künftig nur mehr als Weltbürger zu sehen. Seine Heimat, verkündete er, sei die deutsche Sprache.

Häufig bestieg Horváth den Zug nach Berlin. Dort veröffentlichten die Zeitungen seine Kolumnen, die Theater spielten seine Stücke und seine Bücher erschienen. Sein Wohnsitz blieb aber Murnau, wo sich nach und nach die Nationalsozialisten breitmachen. Noch 1931 hatte Horváth im Lustspiel *Italienische Nacht* eine Schlägerei zwischen Nazis und Linken beschrieben. Im Museum erzählen Schautaufeln, wie er 1931 selbst eine Saalschlacht im Murnauer Gasthaus Kirchmeir erlebte. Als Zeuge vor

Gericht belastete Horváth die Nationalsozialisten, sie hätten die ersten Bierkrüge geworfen. Die späteren Machthaber drohten ihm mit Rache.

Zum Eklat kam es 1933, als Horváth den Wirt seiner Stammkneipe *Post* aufforderte, das Radio abzuschalten: Es lief Adolfs Hitlers erste Rede als Reichskanzler. Zwei SA-Männer hätten den Schriftsteller daraufhin »nach Hause begleitet«, schrieb die Presse. Unter diesem Eindruck flüchtete Horváth aus Murnau, sein Vater verkaufte das Haus 1934.

Als klarer Gegner der Nazis positionierte sich Horváth vorerst nicht. Vielmehr versuchte er sich – was er später bereute –anzubiedern. Er wolle »am Wiederaufbau Deutschlands« mitwirken, schrieb er an den Reichsverband deutscher Schriftsteller, der ihn 1934 aufnahm. Schon 1937 schloss ihn die Nachfolgeorganisation wieder aus. In diesem Jahr erschien Horváths Roman *Jugend ohne Gott*. Für die Geschichte um einen Mord unter Schülern hatte der Autor noch in Murnau Material gesammelt. Er hatte dort die Vorbereitungen auf das große Zeltlager der Hitlerjugend von 1934 erlebt. »Zum Hochlandlager« steht in Frakturschrift auf dem Original-Wegweiser, der im Museum ausliegt.

Ab1933 hielt sich Horváth in Österreich auf. Als Hitlers Truppen 1938 dort einmarschierten, floh er durch verschiedene Länder und Städte, bis er in Paris eintraf. Der Abergläubische hatte noch kurz vor seinem tödlichen Unfall eine Hellseherin aufgesucht. »Das größte Abenteuer seines Lebens« hatte ihm diese vorausgesagt.

Ein weiteres Highlight des *Schloßmuseums*, das sich in einem mittelalterlichen Wohnturm befindet, sind die Werke der expressionistischen Malerin Gabriele Münter (1877–1962). Münter besaß ein Haus in der Murnauer Kottmüllerallee, das für Besichtigungen zugänglich ist. Von 1908 bis 1962 lebte sie zeitweilig oder ganz hier und ließ sich von der Landschaft inspirieren. Nicht nur ihr Lebensgefährte und Malerkollege Wassily Kandinsky, der in Murnau die Jahre bis 1914 verbrachte, auch ihre Besucher wie Paul Klee, Franz Marc und Alexej von Jawlensky machten den Ort zur Künstlerhochburg. Hier entstand der Almanach *Der Blaue Reiter*, der der 1911 von Kandinsky und Marc gegründeten Künstlergruppe ihren heute berühmten Namen gab. So sind im *Schloßmuseum* auch Werke von Kandinsky, Jawlensky und Marc zu sehen.

Ein Ausflug nach Murnau lohnt sich besonders zu den Horváth-Tagen. Sie finden alle drei Jahre statt und bieten Bühnenaufführungen, Diskussionen und die Verleihung des Horváth-Preises.

Hinterfotziges aus dem Herrgottswinkel

Ludwig-Thoma-Haus in Tegernsee

Ludwig Thomas (1867–1921) *Lausbubengeschichten* sind urkomisch. Der Briefwechsel des gerissenen Landtagsabgeordneten *Jozef Filser* und die Satire vom *Münchner im Himmel*, dem das ewige Frohlocken auf die Nerven geht, stecken voll hinterlistigem Humor. Thoma überzeugte aber auch durch seine treffenden Schilderungen der Bauern und der einfachen Leute. Wie kaum ein zweiter nutzte er die Feinheiten des Dialekts und der Umgangssprache, um die Realität einzufangen. Die Weihnachtsgeschichte erzählte er in *Heilige Nacht* ergreifend in Mundart nach.

Der »gemütliche Dicke mit dem Bullengesicht«, wie ihn Weggefährten beschrieben, betätigte sich zudem als politischer Autor. Zunächst eher linksliberal gegen Obrigkeitsstaat und Kirche eingestellt, vollzog er nach dem Ersten Weltkrieg einen Wandel zum rechtslastigen Publizisten und verfasste anonyme Hetz-Pamphlete, die ihm erst nach seinem Tod zugeschrieben werden konnten.

Das Haus auf der Tuften am Tegernsee, Thomas letzter Wohnsitz, bietet heute Gelegenheit, dem ambivalenten Urbayern in seinem Element nachzuspüren. Seine »Idee von Behaglichkeit« hatte Thoma dieses Refugium zwischen See und Mangfallgebirge genannt, das ihn in den letzten 14 Jahren bis zu seinem Tod inspirierte.

Thoma war ein Kind der Alpen. Der Sohn eines Försters kam in Oberammergau zur Welt und wuchs in der Vorderriß an der Tiroler Grenze auf. Die Familie zog mehrmals innerhalb Bayerns um. Nach einem abgebrochenen Studium der Forstwissenschaft entschied sich Thoma für den Juristenberuf, studierte in München und Erlangen, war Rechtspraktikant und arbeitete ab 1894 als selbstständiger Anwalt, zunächst in Dachau, dann in München.

Erste kleine Geschichten aus der Bauernwelt, die ihm bei seinen Tätigkeiten an Schöffengerichten über den Weg gelaufen waren, veröffentlichte er in der Augsburger *Abendzeitung*. Als er sich damit einen Namen gemacht hatte, tauschte Thoma 1899 die Anwaltstätigkeit gegen eine Redakteursstelle beim Münchner *Simplicissimus*. Die 1896 von Herausgeber Albert Langen begründete Satirezeitschrift prägte das geistige Leben im München jener Zeit und war intellektuell wegweisend im deutschsprachigen Raum.

Als sich Thoma 1906 auf der Tuften niederließ, hatte er es mit Veröffentlichungen von Bühnenkomödien wie *Die Lokalbahn* und dem tragischen, kirchenkritischen Roman *Andreas Vöst* bereits zu einigem Ruhm und

Das Ludwig-Thoma-Haus auf der Tuften

Wohlstand gebracht. Seine Wahlheimat kannte er von Besuchen. Bei einem Bauern im nahen Finsterwald hatte er öfter logiert. In dessen Wirtschaft hatte Thoma bei der Feier zum 50. Geburtstag seines Freundes und Jagdkameraden, des Schriftstellers Ludwig Ganghofer, eine folgenschwere Begegnung: Die 25-jährige Tänzerin Marietta di Rigardo, genannt Marion, war mit ihrem Gatten Georg David Schulze zugegen. Thoma verliebte sich in die aus Manila stammende Frau und warb so lange um sie, bis sie sich von ihrem Mann trennte und den Schriftsteller 1907 heiratete. Pikant: Thoma überwies Schulze im gleichen Atemzug große Geldbeträge. Da ließen Gerüchte, er habe die Braut gekauft, nicht auf sich warten.

Der Kaufvertrag für drei Tagwerk Grund auf der Tuften musste im Sommer 1906 eilends abgewickelt werden. Denn das Stuttgarter Landgericht hatte Thoma wegen seines im *Simplicissimus* erschienenen Gedichts *An die Sittlichkeitsprediger in Köln am Rheine* zu sechs Wochen Haft verurteilt. Er unterschrieb den Kauf, ehe er Zelle 71 des Gefängnisses München-Stadelheim bezog.

Die Freude über das neue Domizil trübte diese Tatsache nicht: »Ich werde 2–3 Kühe halten, Obst bauen, mit Hülfe Taschners ein pikfeines Bauernhäusl errichten und in der Lederhose leben und sterben. Amen«, schrieb Thoma an seinen Freund Karl Rothmaier. Der Grafiker Ignaz Taschner entwarf das Bauernhaus auf der Tuften, in das Thoma nach der Fertigstellung 1908 übersiedelte. Später kaufte er angrenzende Grundstücke hinzu, sodass das Anwesen auf 15 Tagwerk anwuchs.

Wie Thoma lebte, können Besucher im Ludwig-Thoma-Haus – heute im Besitz der Stadt München – nachvollziehen. Die Verwalterin, die das Haus bewohnt, lässt Interessierte nach telefonischer Anmeldung in Thomas Welt. Vieles ist noch genau wie zu Zeiten des Dichters. Etwa Thomas Bibliothek im Obergeschoss mit edlen Lederbänden in Kirschbaumregalen und einer Tabakspfeife auf dem geräumigen Schreibtisch. Oder das Biedermeierzimmer im Parterre, das Stuckdecke, Kronleuchter und Ornament-Tapeten zieren. Vor allem aber das Jagdzimmer mit Holzdecke, Birnbaumtisch, Eckbank, dunkelbraunem Kachelofen und Kruzifix im Herrgottswinkel. Bayerischer geht's nicht: Die weiße Wand ist übersät mit Hirschgeweihen und Gamskrucken, Bildern von König Ludwig II. sowie Schwarz-Weiß-Fotografien Thomas und seiner Verwandtschaft. Hier hockte der leidenschaftliche Jäger mit Gästen wie Ludwig Ganghofer, dem ebenfalls in Tegernsee ansässigen Maler Olaf Gulbransson, dem Verleger Albert Langen und der Volksdichterin Lena Christ, die vielen als Thomas weibliches Pendant gilt.

Nachdem die Ehe mit Marion 1911 geschieden worden war, verliebte er sich in die jüdische Unternehmergattin Maria Liebermann von Wahlendorf, genannt Maidi. Deren Familie besaß ein Nachbargrundstück auf der Tuften. Im Gegensatz zu Marion hielt Maidi Thomas Avancen stand und ließ sich nicht von ihrem Mann scheiden. Den Ersten Weltkrieg erlebte Thoma kurzzeitig als Mitglied einer bayerischen Division an der Front in Galizien, erkrankte aber schwer an der Ruhr und wurde untauglich. Der verlorene Krieg verbitterte Thoma dermaßen, dass er sich politisch stark nach rechts orientierte. Er schrieb anonyme Artikel, die vor Antisemitismus und Rassismus nur so strotzten und im *Miesbacher Anzeiger* erschienen. 1921 starb Thoma in seiner Jägerstube an Magenkrebs. Eine Abordnung von Jägern begleitete seinen Sarg zum Friedhof von Rottach-Egern.

Maidi von Liebermann, die er bis zum Schluss liebte, hatte er als Haupterbin eingesetzt. Sie führte das Haus auf der Tuften als Pension. Einer ihrer Gäste war der damalige Münchner Oberbürgermeister Hans-Jochen Vogel. Mit ihm handelte sie einen Vertrag aus, um das Dichteranwesen zu erhalten: Von Liebermann schenkte die Tuften einer öffentlichen Stiftung, die für den Unterhalt des Hauses sorgte. Die Stadt kaufte ihr einen Grundstücksanteil ab. Als Maidi von Liebermann 50 Jahre nach Ludwig Thoma am 22. November 1971 im Alter von 87 Jahren starb, übernahm München das Haus in städtische Verwaltung. Liebermann ist in Rottach-Egern neben Thoma begraben. Zu seiner anderen Seite ruht Ludwig Ganghofer.

Auszeit am Bahnsteig

Buchcafé am Gleis 1 in Rosenheim

Draußen am Bahnsteig: ein Kommen und Gehen, Ankommen und Abfahren, Zusteigen oder Zurückbleiben. Innendrin, im hellen Gebäude am Gleis 1, ist es anders: Ausruhen, in Bücherregalen stöbern, Biokaffee trinken und Schmökern im gemütlichen Sessel.

»Mal eben schnell und gestresst hier durchlaufen geht nicht«, sagt Andrea Rentzsch von der Caritas, die das Buchcafé betreibt. Es gibt keinen Coffee to go und kein Radiogedudel im Hintergrund, dafür vegetarisches Mittagessen, eine Tasse Tee, Schmandkuchen – und Tausende gebrauchte Bücher.

Die kosten zwischen 50 Cent und drei Euro. Krimis, kunsthistorische Bände und Esoterik verkaufen sich besonders gut, sagt Andrea Rentzsch. Aber Kommerz steht hier nicht im Vordergrund: Menschen mit psychischer Erkrankung halten das Café und den Gebrauchtbüchermarkt am Laufen und verdienen sich so etwas Geld dazu. Unter ihnen sind auch ehemalige Buchhändler und sogar ein früherer Mitarbeiter der Bayerischen Staatsbibliothek.

Geöffnet ist dieser Treffpunkt in der ehemaligen Bundesbahnkantine nur werktags. Für viele der Mitarbeiter bietet das Projekt eine Chance, Berührungsängste abzubauen, ins Gespräch mit Kunden zu kommen und sich ein Stück aus der sozialen Isolation herauszubewegen. Dafür, dass der Nachschub an Lesestoff nicht ausgeht, sorgen Spender. »Wir erhalten ungefähr 200 Bücher pro Tag«, erzählt Andrea Rentzsch. Hier landen auch Bestände aus Pfarrhäusern und aufgegebenen Pfarrbibliotheken. Das Team entscheidet, was in die Regale einsortiert wird, was über das Internet angeboten wird oder an Antiquariate und Flohmarkthändler geht.

Viermal im Jahr geben Musikstudenten aus München im Rahmen der von Yehudi Menuhin (1916–1999) gegründeten Initiative *Live Music Now* kostenlose Konzerte im Buchcafé. Weitere regelmäßige Veranstaltungen sind Mundartlesungen und Auftritte regionaler Musiker. Der Eintritt ist jeweils frei.

Das Café ist Teil eines sozialpsychiatrischen Zentrums, in dem mehr als 50 Menschen eine Beschäftigung finden. In der Etage über den Büchern befindet sich eine Tagesstätte für psychische Gesundheit. Nebenan können Pendler ihre Fahrräder in einem Parkhaus mit 375 Plätzen abstellen. Angeschlossen sind eine Radwerkstatt und ein öffentlicher Fahrradverleih.

13

»Ehrenbürgerin wird sie nicht«

Dokumentationsstätte Marieluise Fleißer in Ingolstadt

Ganz Ingolstadt, so machte es den Eindruck, kochte vor Zorn. Diesem merkwürdigen Kind der Stadt scheine es eine »unnatürliche Freude zu machen, wenn es sein eigenes Nest beschmutzen kann«. Das schrieb ein anonymer Ingolstädter in einem Brief, den die *Berliner Illustrierte Nachtausgabe* veröffentlichte. Von »Machwerk« und »Schmähstück« sprach der Bürgermeister der Stadt. »Ehrenbürgerin wird sie nicht«, folgerte Kritiker Alfred Kerr.

Was war geschehen? Auf der Bühne am Berliner Schiffbauerdamm war ein Dienstmädchen in einem Pulverhäuschen entjungfert worden. Bertolt Brecht hatte das Stück *Pioniere in Ingolstadt* provokant inszeniert. Dessen Autorin war die 28-jährige Marieluise Fleißer (1901–1974) aus Ingolstadt. In ihrer sozialkritischen Komödie beschreibt sie auf realistische Art, was es bedeutet, wenn eine Horde junger Soldaten in einer Kleinstadt stationiert ist: Das Dienstmädchen Berta verliebt sich in Korl, einen der Pioniere aus Küstrin, die in Ingolstadt eine Brücke bauen sollen. Korl ist abgebrüht, rücksichtslos, brutal. Nach dem Geschlechtsakt verlässt er sie mit den lapidaren Worten, »eine Liebe« müsse »keine dabei sein«. Sprengstoff enthielt das Stück auch deshalb, weil Ingolstadt als Garnisonsstadt von den Soldaten lebte. Und deren Ehre wurde nun von einer jungen Autorin beschmutzt? Für viele undenkbar.

Die Zeiten sind vorbei. Ingolstadt ist längst eine dynamische und kulturell höchst lebendige Großstadt. Marieluise Fleißer ist als eine der größten deutschen Dramatikerinnen des 20. Jahrhunderts anerkannt. Eine Statuette in der Theresienstraße stellt die Schriftstellerin in selbstbewusster Pose mit den Händen in den Manteltaschen dar. Die Hauptstelle der Ingolstädter Stadtbücherei ist nach ihr benannt. Eine Hinweistafel bei dem 1926 von Pionieren erbauten Steg über den Künettegraben weist auf Marieluise Fleißer hin. Und das Geburtshaus der Autorin ist seit 1997 eine Dokumentationsstätte, in der die Stadt Fleißers Leben und Werk auf drei Stockwerken würdigt.

In der Ausstellung wird deutlich: Fleißer hing ebenso sehr an Ingolstadt, wie sie unter der Kleinbürgerlichkeit, begleitet von Scheinheiligkeit, Brutalität, Demütigungen und Abhängigkeiten, litt. Von ihren 72 Lebensjahren verbrachte die Dichterin in der Stadt an der Donau mehr als 60. Sie gehörte hierher. Nicht zuletzt die Sprache ihrer

Büste der Autorin in der Dokumentationsstätte Marieluise Fleißer

Figuren – eine Mischung aus Dialekt, ausgefeilter Hochsprache und biblischem Vokabular – zeigt, dass sie im katholischen Kleinbürgertum Ingolstadts verwurzelt war. Dessen Widersprüche deckte sie in ihren Stücken schonungslos auf: so beispielsweise in ihrem Erstlingswerk *Fegefeuer in Ingolstadt*, das von einem unehelichen Kind und der bedrückenden Beziehung zwischen zwei Ausgestoßenen handelt. Das Schauspiel hatte sie bereits als 22-jährige Studentin der Theaterwissenschaft in München verfasst. Aber auch ihr Volksstück *Der starke Stamm* von 1950, in dem sich Verwandte um eine Erbschaft streiten, kreist um Existenzangst, den Kampf der Geschlechter, Gewalt und Sprachlosigkeit als letzte Zuflucht. Liebe, Aufrichtigkeit, Mitgefühl spielen keine Rolle.

Marieluise Fleißer in ihrer Jugend

Die Dokumentationsstätte in der Kupferstraße vermittelt einen Eindruck, wie Marieluise Fleißer aufwuchs. Hier stehen noch immer Amboss und Esse, die ihrem Vater gehörten, dem Eisenwarenhändler und Zeugschmied Heinrich Fleißer. Eine Fotografie zeigt den Handwerker am Schmiedehammer. Das mittelalterliche Häuschen hatte schon dessen Vater Andreas Fleißer gekauft. Marieluise Fleißer beschrieb es in ihrer Erzählung *Kinderland*. Heute nutzen Schauspieler regelmäßig den Amboss als Lesepult, wenn sie bei Veranstaltungen Fleißer-Texte vortragen.

Marieluise, das zweite von sechs Kindern, sollte Lehrerin werden und absolvierte das Abitur bei den Englischen Fräulein in Regensburg. Während ihres Studiums in München begegnete sie den Literaten Lion Feuchtwanger und Bertolt Brecht, die ihre Mentoren wurden, sie zum Umzug nach Berlin bewogen, sie aber auch vereinnahmten. In ihrer autobiografischen Erzählung

Avantgarde beschrieb sie die Beziehungen einer jungen Schriftstellerin zu einem Dramatiker – dessen Vorbild war Brecht: Seine Worte glichen einer Peitsche, der Umgang mit ihm sei schwer zu verkraften gewesen, er »saugte sie auf«.

Briefe, die sich Brecht und Fleißer schrieben, sind in der Dokumentationsstätte ausgestellt. Sie gehören zum Nachlass der Autorin, den das Stadtarchiv Ingolstadt aufbewahrt. Auch Zeitungsartikel, Originalmanuskripte und Erstausgaben aus diesem können Museumsbesucher betrachten.

Nachdem sich Fleißer mit Brecht überworfen hatte, ging sie eine Beziehung mit dem rechtskonservativen Publizisten Hellmut Draws-Tychsen ein, der sie jedoch ausnutzte. 1932 kehrte sie heim nach Ingolstadt und heiratete 1935 ihren Jugendfreund Josef »Bepp« Haindl, einen Tabakwarenhändler und Leistungsschwimmer. Sie stellte ihre schriftstellerischen Ambitionen zurück und arbeitete im Tabakladen in der Theresienstraße. In ihrem Roman *Eine Zierde für den Verein* sollte sie 1972 die prekäre Existenz eines kleinen Tabakwarenhändlers schildern.

Nach dem Krieg gelang es ihr zunächst nicht, literarisch Fuß zu fassen. Das änderte sich erst in den 1960er-Jahren. Junge Autoren und Regisseure wie Franz Xaver Kroetz und Martin Sperr begannen, das Werk der Ingolstädterin zu entdecken. Sie betrachteten es als Grundlage für ihr modernes, realistisches Volkstheater. Rainer Werner Fassbinder verfilmte 1970 *Pioniere in Ingolstadt*. Fleißer, die diese jungen Literaten selbst »ihre Söhne« nannte, widmete sich nun wieder verstärkt dem Schreiben.

Fotografien zeigen sie in dieser Zeit stets modisch gekleidet, oft mit Hut. Das Museum hütet einen Teil ihrer Garderobe: Filzhüte, Strohhüte, eine Pelzmütze, dazu Taschen, Schirme, elegante schwarze Schuhe, schwarz-weiß karierter Mantel, Schal und Hornbrille.

Marieluise Fleißer starb am 2. Februar 1974 in ihrer Heimatstadt. Ehrenbürgerin war sie nicht, aber immerhin hatte sie sich 1961 in das Goldene Buch der Stadt eintragen dürfen und den Kunstförderungspreis erhalten. Seit 1981 verleiht Ingolstadt den Marieluise-Fleißer-Preis an Autorinnen und Autoren. Die 1996 gegründete Fleißer-Gesellschaft Ingolstadt hat sich zum Ziel gesetzt, die Schriftstellerin in Forschung und Öffentlichkeit lebendig zu halten.

14

Ein Garten, wie er im Buche steht

Bastionsgarten auf der Willibaldsburg in Eichstätt

Einen einzigartigen Garten ließen die Eichstätter Fürstbischöfe ab 1592 an den Hängen ihrer Willibaldsburg anlegen. Über dieses kleine Paradies verfasste der Nürnberger Apotheker und Botaniker Basilius Besler (1561–1629) ein berühmtes Buch, das den Garten überdauern sollte. Heute sind beide, Buch und neu angelegter Garten, wieder in Eichstätt zu bestaunen.

Kräuter, Blumen, Sträucher und Bäume aus der ganzen damals bekannten Welt gediehen an den Hängen der von Elias Holl erbauten Burg: eine paradiesische Wunderkammer im Freien. Um die Kunde von seiner Pracht und seinem Geschmack zu verbreiten, beauftragte Fürstbischof Johann Konrad von Gemmingen Besler, einen Prachtband über den Garten anzufertigen. Der Botaniker hatte bereits bei dessen Anlage mitgewirkt.

Hortus Eystettensis, zu Deutsch »Garten von Eichstätt«, erschienen 1613, ist kein botanisches Fachbuch, sondern ein repräsentativer Bildband. Auf 366 Tafeln stellt er 1.084 Pflanzenarten vor. Granatapfelbaum, Agave, Lebensbaum, Kartoffel, Sonnenblume, Honigbaum und Tomate: Vieles, was damals exotische Rarität war, gilt inzwischen als normale Nutzpflanze. Besler scheute keine Mühen. Er ließ Blätter und Blüten nach Nürnberg bringen, von Spezialisten abzeichnen und Platten für Kupferstiche davon anfertigen. Allerdings ist nicht gesichert, dass alle beschriebenen Pflanzen auch wirklich im Eichstätter Garten zu finden waren.

Das Buch erschien im sogenannten Königsformat auf 57 mal 46 Zentimetern. Die kolorierte Vorzugsausgabe, deren Seiten nur einseitig bedruckt waren, kostete 500 Gulden – der damalige Gegenwert eines Häuschens am Stadtrand von Nürnberg. 25 dieser altkolorierten Prachtausgaben existieren noch, eine der besterhaltenen davon besitzt die Bibliothek der Universität Eichstätt. Nutzer dürfen dort in einem Faksimile blättern oder den *Hortus Eystettensis* online betrachten.

1998 legte die *Bayerische Schlösserverwaltung* den Bastionsgarten auf dem Gelände der Willibaldsburg wieder an: Als Vorlage diente das Buch. Etwa die Hälfte der 1.084 Pflanzenarten ist in Schaubeeten versammelt. Die Anlage folgt den Jahreszeiten und damit dem Aufbau des Buches: Das erste Beet enthält Frühlingspflanzen, das hinterste winterblühende Gewächse.

Augsburg und der Westen

Benediktinerabtei Ottobeuren

Der ganze Stolz der Fuggerstadt

Staats- und Stadtbibliothek Augsburg

Weltmetropole Augsburg: Zur Zeit der Renaissance, im frühen 16. Jahrhundert, erlebte die Stadt am Lech eine Blüte sondergleichen. Kaufmannsfamilien wie die schwerreichen Fugger und die seefahrenden Welser griffen von hier aus ins globale Geschehen ein. Handel, Handwerk, Architektur und Kunst blühten.

In diese Epoche fällt auch die Gründung der heutigen Staats- und Stadtbibliothek, die lange zu den bedeutendsten Bibliotheken im deutschsprachigen Raum gehörte. Als sich Augsburg 1537 der Reformation anschloss und katholische Gottesdienste verbot, zog der Magistrat der Stadt die Büchersammlung des Karmeliterklosters Sankt Anna ein. Diese, beschlossen die Ratsherren, sollte den Grundstock für eine neue Stadtbibliothek bilden, die sie fortan dem Bürgerstolz entsprechend hegten und bestens ausstatteten. So fädelten sie um 1544 ein aufsehenerregendes Geschäft ein. Für 742 Goldgulden erstand die Stadt 126 griechische Handschriften von dem aus Griechenland nach Venedig vertriebenen Kaufmann Antonios Eparchos (1491–1571).

Ein Verzeichnis dieser bibliophilen Kostbarkeiten brachte Bibliothekar Hieronymus Wolf um 1575 als weltweit ersten gedruckten Bibliothekskatalog heraus. 1600 wurde ein Gesamtkatalog der Augsburger Bestände veröffentlicht, die durch Schenkungen und Ankäufe kontinuierlich wuchsen. Diese Kataloge werden bis heute in den Magazinen der Bibliothek verwahrt. Sie zeugen von der Rolle Augsburgs als einem der wichtigen frühen Zentren des Druckhandwerks.

Herbe Verluste erlitt die Bibliothek, als die Reichsstadt Augsburg 1806 bayerisch wurde. Viele wertvolle Bestände – darunter auch die griechischen Handschriften – mussten die Augsburger an die Hofbibliothek in München abgeben. Gleichzeitig erhielten sie die Bestände aufgelöster Augsburger und schwäbischer Klöster.

Ihr heutiges Domizil in der Schaezlerstraße bezog die Stadtbibliothek im Jahr 1893. Es galt lange als Paradebeispiel eines gelungenen Bibliothekszweckbaus und wird in einem Atemzug mit der British Library in London und der Library of Congress in Washington genannt. Als äußeres Vorbild diente den Bauherren die barocke Residenz in Eichstätt. Besucher treten als Erstes in das helle Treppenhaus, in dem Atlantenfiguren als Säulen das Deckengewölbe tragen. Die Treppe führt aber nicht in einen Lesesaal, sondern in die beiden

Die Fassade der Staats- und Stadtbibliothek Augsburg

Zimelienräume, wo die größten Kostbarkeiten der Bibliothek in wechselnden Ausstellungen versammelt sind.

Die Staats- und Stadtbibliothek beherbergt insgesamt 3.676 Handschriften, dazu kommen 100 Fragmente, 221 Autografen und 2.797 Inkunabeln aus der Frühdruckzeit. Ältestes Stück ist eine griechische Handschrift des Kirchenvaters Johannes Chrysostomos (um 349–407), die aus dem 10. oder 11. Jahrhundert stammt und deren byzantinischer Einband sie zu einer besonderen Kostbarkeit macht. Sie gelangte aus dem Besitz eines Priesters in die Sammlung. Ein kunstvoll kalligrafiertes Bändchen mit farbigen Miniaturen aus dem 16. Jahrhundert enthält das mystische Gedicht *Halnameh oder Ball und Schläger* des persischen Mystiker Arifi (gestorben um 1449), welches sich dem Polospiel widmet. Die deutsche Bibel des ersten Augsburger Buchdruckers Günther Zainer (gestorben 1478) ist ebenso zu finden wie das Septembertestament – Martin Luthers deutsche Übersetzung des Neuen Testaments, 1522 in Wittenberg gedruckt und mit kolorierten Holzschnitten aus der Werkstatt Lucas Cranachs des Älteren illustriert.

Das Kaiserbuch, das alle Machthaber des Römischen Imperiums und seiner Nachfolgerreiche seit Augsburgs Namensgeber Augustus aufführt, ist das Hauptwerk des Augsburger Ratsherren und Humanisten Konrad Peutinger. Das in der Staats- und Stadtbibliothek verwahrte Exemplar von 1504 hat Peutinger eigenhändig korrigiert und überarbeitet. Hier wird auch eine Musikhandschrift von Wolfgang Amadeus Mozart aufbewahrt, dessen Vater Leopold in Augsburg geboren wurde.

So vielfältig und außergewöhnlich wie die Bücher selbst sind ihre Einbände. In den Zimelienräumen finden sich Prachtbände aus braunem, dunkelrotem oder weißem Leder oder aus Pergament mit Goldpressung. Einige tragen das Besitzzeichen der Fugger in Gold eingeprägt. Auch filigrane Edelmetalleinbände sind zu finden, mit welchen Augsburger Silberschmiede vor allem Gebetbücher des 17. bis. 19. Jahrhunderts ausstatteten. Sogar ein frühes Taschenbuch gehört zum Bestand der Bibliothek. Der elastische Einband von 1512 stammt aus der Werkstatt des Augsburgers Erhard Ratdolt, ist mit einem Holzschnitt bedruckt und ist Teil des religiösen Werks *Divo Hieronymo sacrum. Divae Annae sacrum*. Diese inzwischen weit verbreitete Art, Bücher zu binden, existierte damals ausschließlich in Augsburg und Bologna. Ein weiterer Hingucker sind Kettenbücher, die früher zum Schutz vor Langfingern an die Regale angeschlossen wurden.

Vom ältesten Druckwerk überhaupt, der Gutenberg-Bibel, besitzt die Staats- und Stadtbibliothek zwei Fragmente von verschiedenen Exemplaren. Eines davon, ein illustriertes Blatt aus der Apokalypse des Johannes, entdeckte Wolfgang Mayer, Bibliothekar in der Schaezlerstraße, erst 2017: Ein späteres Buch war mit diesem kostbaren Schriftstück eingebunden.

Vom städtischen Bürgerstolz kündet die Bibliothek, die seit 2012 komplett dem Freistaat Bayern untersteht, heute zwar nicht mehr. Dennoch nimmt sie mit mehr als 540.000 Bänden als größte Regionalbibliothek Bayerns eine herausragende Stellung ein. Sie ist zudem das Gedächtnis Bayerisch-Schwabens. Von allen Publikationen, die in dieser Region erscheinen, müssen die Verlage dort ein Pflichtexemplar abliefern.

Ein Sonderbestand der Staats- und Stadtbibliothek widmet sich dem Thema Selbstmord. Grundlage dafür war die private Büchersammlung des Augsburger Journalisten und Suizidforschers Hans Rost, welche die Bibliothek 1928 kaufte und seither systematisch ausbaut: Mehr als 2.000 Bände behandeln das Thema Selbstmord aus historischer, juristischer, medizinischer und ethischer Sicht. Die Sammlung ist Anlaufstelle für Wissenschaftler aus aller Welt.

Die angegliederte Bertolt-Brecht-Forschungsstätte betreut eine der weltgrößten Sammlungen zu Leben, Werk und Rezeption des Augsburger Dramatikers.

BRECHTHAUS
Eingang rechte Türe →
Brechthaus

Bühne frei

Brechthaus in Augsburg

Niemand, der sich ernsthaft mit Theater beschäftigt, komme an Bertolt Brecht (1898–1956) vorbei – findet der britische Regisseur Peter Brook. Auch in Augsburg kommt niemand an Brecht vorbei. Als mannshohe, schlaksige rote Stahlskulptur steht der große Erneuerer des Dramas, Schöpfer des epischen Theaters und bahnbrechende Autor von Stücken wie der *Dreigroschenoper* und *Mutter Courage und ihre Kinder* viermal an Straßenecken und auf Plätzen. Die Silhouetten weisen den Weg zu Stätten von Brechts Kindheit und Jugend. Bis zum Alter von 22 Jahren lebte der Autor in seiner Heimatstadt.

Wichtigste Adresse ist das Altstadthaus, in dem Eugen Berthold Friedrich Brecht am 10. Februar 1898 zur Welt kam. Das Gebäude auf dem Rain 7, gleich hinter dem Rathaus, liegt malerisch zwischen zwei Lechkanälen. Die damals dreiköpfige Familie Brecht teilte sich das Obergeschoss mit zwei weiteren Mietern. Wegen des ohrenbetäubenden Hämmerns der Feilenhauerei im Erdgeschoss zogen die Brechts allerdings im Spätsommer desselben Jahres weg.

Seit 1985 ist das Brechthaus ein Museum, das sich auf die Spur des Dramatikers, vor allem seiner Augsburger Jahre, macht. Wie sah die Stadt zu Brechts Zeiten aus? Eine Augsburg-Fotografie im Treppenhaus bietet einen Eindruck: Sie präsentiert ein Gewimmel von Menschen – Bürger, Geschäftsleute, Dienstmädchen, Kinder – zwischen Altstadthäusern, Straßenbahnwaggons und Gaslaternen. An den Bildrand ist Brechts Gedicht *Serenade* von 1918 gedruckt. Es erzählt von Bert Brecht, der mit seinem Lampion des Nachts trunken über den Rathausplatz taumelt. In einer Tonaufnahme aus dem Jahr 1954, die in einem Video mit historischen Bildern unterlegt ist, berichtet der Autor von seiner Kindheit.

Er habe seine Mutter auf seine Art geliebt, sie aber wollte auf ihre Art geliebt werden. – Diese Worte vertraute Brecht 1920 nach Sophie Brechts Tod seinem Tagebuch an. Sie sind im Museum auf das Laken eines Betts gedruckt, das Sophie Brecht gehörte. Die Familie, so ist im Museum zu erfahren, war einfach, aber strebte nach Höherem. Vater Berthold Friedrich Brecht stieg vom Angestellten zum kaufmännischen Direktor der Augsburger Papierfabrik Haindl auf. Klassenfotos zeigen Brecht als hageren Jungen mit dicker Brille und abstehenden Ohren. Sie hängen neben Vitrinen mit Tauf- und Konfirmationsbesteck des jungen Augsburgers. Zu sehen sind auch seine ersten Veröffentlichungen

Die Ausstellung zu Leben und Werk Brechts im Brechthaus

in der Schülerzeitschrift *Die Ernte* von 1913. Er gab die Hefte gemeinsam mit einem Mitschüler heraus. Hinter Glas lehnt Brechts Zeugnis aus dem Jahre 1915/16 vom Königlichen Realgymnasium Augsburg. Vermerkt ist eine Schulstrafe: Brecht hatte 1916 in einem mutigen Aufsatz Kriegsverherrlichung gegeißelt. Ein Fürsprecher unter den Lehrern verhinderte, dass er des Gymnasiums verwiesen wurde.

Die Ausstellung zeichnet den Lebensweg vom aufmüpfigen Pennäler bis zum bestens vernetzten Erfolgsautor nach. Im Militär diente Brecht ab Oktober 1918 nur drei Monate im Augsburger Reservelazarett. Zum Studium der Medizin und Philosophie pendelte er vom Elternhaus aus nach München. Gleichzeitig machte er sich dort einen Namen, indem er in Kneipen mit der Klampfe auftrat und dazu eigene Balladen und Lieder sang. Sein Freund und Förderer Lion Feuchtwanger (1884–1958) ermöglichte ihm schließlich, sein Stück *Trommeln in der Nacht* 1922 an den Münchner Kammerspielen aufzuführen. Hier erhielt Brecht auch eine Stelle als Regisseur und Dramaturg. Später wurde sein Erstlingswerk *Baal* dort gezeigt.

Bereits 1919 war Brechts erster Sohn Frank zur Welt gekommen. Er war das uneheliche Kind des Autors mit seiner Jugendliebe, der Erzieherin Paula Banholzer – Brecht nannte sie »Bi« für »bittersüß«. Frank starb später, 1943, im Krieg. 1922 heiratete Brecht die Schauspielerin und Sängerin Marianne Zoff. Die gemeinsame Tochter Hanne wurde 1923 geboren, als Brecht bereits eine Beziehung zur

Schauspielerin Helene Weigel unterhielt. Nach der Scheidung von Zoff heiratete Brecht Helene Weigel und bekam mit ihr die Kinder Barbara und Stefan. Sein Verhältnis zu Frauen beschreiben Zeitzeugen als unbekümmert, er pflegte oft mehrere Beziehungen nebeneinander, so auch zu seiner Mitarbeiterin Elisabeth Hauptmann. Er habe die Frauen auch in der Arbeit ausgebeutet, warf man ihm vor.

Mit Helene Weigel lebte Brecht ab 1924 in Berlin. Hier gelang ihm der Durchbruch als Bühnenautor und Regisseur. Einer der großen Theatererfolge der Weimarer Republik wurde seine *Dreigroschenoper*. Kurt Weill vertonte das sozialkritische Drama um den Straßenräuber Mackie Messer. Im Brechthaus sind Zitate daraus, Notenblätter und Szenenfotos von der Uraufführung 1928 symbolisch hinter Gittern ausgestellt. Denn hinter Gittern hätten die Nationalsozialisten den überzeugten Kommunisten Brecht am liebsten gesehen. Seine Stücke, in denen er das Publikum aufforderte, selbst Entscheidungen zu treffen und die Gesellschaft zu verändern, störten ihre Trupps regelmäßig. Unmittelbar nach dem Reichstagsbrand, am 28. Februar 1933, floh der Autor aus Deutschland. Es begann eine Zeit des Nomadentums im Exil, immer auf der Flucht vor den Nazis, die ein Land nach dem anderen einzunehmen drohten. Eine Weltkarte im Museum verzeichnet elf Wohnorte Brechts in neun Ländern – von Prag bis New York. Im Exil war Brecht überaus aktiv. Ab 1938 schrieb er seine großen Dramen wie *Mutter Courage und ihre Kinder*, *Leben des Galilei*, *Der gute Mensch von Sezuan* und *Der kaukasische Kreidekreis.* Nach dem Zweiten Weltkrieg ereilte ihn das Angebot, im Ostsektor Berlins mit dem Berliner Ensemble ein eigenes Theater nach seinen Vorstellungen aufzubauen. Er nahm an und hatte Erfolg.

Hatten die Augsburger Brecht zunächst als Kommunisten verschmäht, entdeckten und würdigten sie den Sohn der Stadt in den Jahrzehnten nach seinem Tod immer mehr. Die Sammlung des Brechthauses zeugt von der weltweiten Verehrung des ungeheuer produktiven Autors, der 48 Bühnenstücke, 2.300 Gedichte, 200 Erzählungen und drei Romane hinterließ. Neben Erstausgaben sind Übersetzungen auf Englisch, Japanisch, Litauisch und Türkisch zu sehen, Szenenfotos von Aufführungen in Shanghai, Moskau und Tokio sowie Programmhefte, Briefmarken und Brecht-Poststempel. In der Brecht-Lounge mit Bibliothek und roten Lesesesseln können sich Besucher in die Werke des Augsburgers vertiefen. Sie ist auch Ort für Lesungen und Vorträge.

Gleich gegenüber dem Altstadthaus liegt *Brecht's Bistro*. In der mit Devotionalien zu »BB« eingerichteten *Buchhandlung am Obstmarkt* finden Fans einen Brecht-Shop. An Brecht kommt niemand vorbei.

Bücherpracht wie zu Ottheinrichs Zeit

Staatliche Bibliothek Neuburg an der Donau

Dick, stattlich und aus Stein – so steht Pfalzgraf Ottheinrich (1502–1559) vor dem Neuburger Schloss. Von hier aus regierte er über sein Fürstentum Pfalz-Neuburg. Ottheinrich galt als behäbiger Typ und verstand sich aufs Aussitzen. »Mit der Zeit«, lautete sein Motto. Der frühe Anhänger der Lehren Martin Luthers nahm sich Zeit für Bücher, die er las und sammelte. Seine *Bibliotheca Palatina* in Heidelberg, deren Bestände heute großteils im Vatikan aufbewahrt werden, galt als Mutter aller Bibliotheken. Einen Teil von Ottheinrichs Büchererbe bewahrt aber auch die Staatliche Bibliothek Neuburg, nur wenige Schritte vom Schloss entfernt, auf. Zu ihren Schätzen gehören mehrere Bände, die das Ottheinrich-Zeichen auf dem Umschlag tragen: Das Bildnis des Dicken mit einer Art Schlapphut, mit dem Schriftzug *Otthainrich von G. G. Pfaltzgrave bey Rhein Hertzog in Nidern und Obern Bairn.*

Die Büchersammlung am Karlsplatz ist zwar die kleinste der Staatlichen Bibliotheken im Freistaat, aber sie verfügt mit mehr als 56.000 Medien, davon 35.000 vor 1900 gedruckte Bände, und 440 Inkunabeln über einen beachtlichen Bestand. Für historische Quellenforschung und Fernleihe ist sie zudem von herausragender Bedeutung. Als Regionalbibliothek für den Landkreis Neuburg-Schrobenhausen sammelt sie alle Medien, die Bezug zur Region haben.

1803 gründete Bayerns Kurfürst Max IV. Joseph die Bibliothek als Provinzialbibliothek für Schulen und Verwaltung der Provinz Neuburg. Sie übernahm die Bestände der Neuburger Hofbibliothek sowie des Jesuitenkollegs Neuburg und der aufgehobenen Klöster Maria Medingen, Obermedlingen, Ober- und Niederalteich, Pielenhofen, Dietramszell, Raitenhaslach und Kaisheim. Aus Kaisheim stammen zudem die intarsienverzierten Regale, die heute den Prunksaal schmücken, der einst Bethalle der »Bruderschaft zur schmerzhaften Mutter Gottes unterm Kreuz« war. Aufmerksame Beobachter sehen, dass sie nicht mehr in dem Raum stehen, für den sie einst maßgefertigt wurden: Sie sind nun asymmetrisch angeordnet.

Besondere Schmuckstücke der Bibliothek sind die weiß gekalkten Bücher des Jesuitenordens und die 648 Bände aus der Bibliothek des Augsburger Humanisten Hieronymus Wolf (1516–1580).

Bitburger
cafe-buch.de
Adelholzener
Adelholzener
Der Mönch aus Russland
Geh über die Brücke
Fiji, Samoa, Tonga

Lesespaß statt Hexenwahn

Lesecafé cafe-buch.de in Nördlingen

In Nördlingen ist alles rund: nicht nur die umgebende Landschaft – das kesselförmige Nördlinger Ries mit mehr als 20 Kilometern Durchmesser, das vor 15 Millionen Jahren durch den Einschlag eines Meteoriten entstand. Auch die vollständig begehbare Stadtmauer und die mittelalterlichen Gassen ordnen sich kreisrund um ihren Mittelpunkt an, den 90 Meter hohen Kirchturm *Daniel.*

Seit der frühen Neuzeit ist Nördlingen Bücherstadt. Franz Scharpff eröffnete hier 1528 die erste Druckerei, der Buchhändler Carl Gottlob Beck (1733–1802) begründete einen bis heute bestehenden Verlag, und Verleger Franz Greno stellte in der Altstadt ab 1985 die Bände der Anderen Bibliothek her, die der Schriftsteller Hans Magnus Enzensberger herausgab. Seit 2002 beherbergt ein Fachwerkhaus am alten Weinmarkt das café-buch.de. Christine Jilka und ihr mittlerweile verstorbener Mann Detlef hatten die Idee, in dem kleinteiligen Haus nicht nur Kaffee, Kuchen und kalte Getränke, sondern außerdem gebrauchte Liebesromane, Kochbücher und Reiseführer anzubieten. Ein besonderer Service ist die Buchsuche, bei der die gelernte Industriekauffrau auf Wunsch für ihre Kunden im Internet nach vergriffenen Werken fahndet.

Touristen legen im Lesecafé gern eine Pause ein. Aber auch Stammkunden finden sich hier ein, stöbern in den Regalen und nehmen sich stapelweise Bücher mit an die Cafétische. »Ein 90-jähriger Mann ließ sich immer von seinen Verwandten herbringen und hatte eine wahnsinnige Freude, nach alten Werken zu suchen«, erzählt Christine Jilka. Ein junges Pärchen, beide mit Irokesenschnitt, besuchte einmal das Café und zog zwei geschichtliche Bücher heraus – gedruckt in Fraktur. »Die sind aber teuer«, wollte Jilka die Kunden warnen. »Na und?«, bekam sie zurück.

Im Sommer stellt sie Stühle, Tische und einige Bücherregale auf den kleinen Marktplatz vor dem Haus. Dann können ihre Kunden im Freien stöbern oder sich beim Anblick des dortigen Brunnens an die berühmte Maria Holl (1549–1634) und ein dunkles Kapitel Nördlinger Stadtgeschichte erinnern: Die Wirtin des Gasthofs Goldene Krone am Weinmarkt wurde der Hexerei bezichtigt, verhört und insgesamt 62-mal gefoltert. Sie widerstand jedoch allen Torturen, bis die Richter sie schließlich freisprachen.

Drei mit spitzer Feder

Stadtmuseum Kaufbeuren

»Ich bin keiner von uns«, ist an die Wand des Stadtmuseums Kaufbeuren gepinselt. Die Gedichtzeile stammt von Hans Magnus Enzensberger (*1929). Meint der engagierte Literat damit die Gesellschaft, in die er hier geraten ist? Möglich, denn außer derselben Geburtsstadt im Unterallgäu und dem Beruf des Schriftstellers haben Enzensberger, Ludwig Ganghofer (1855–1920) und Sophie La Roche (1730–1807), denen gemeinsam das Obergeschoss des Museums gewidmet ist, wenig gemein. Die unterhaltsame und informative Dauerausstellung »Mit spitzer Feder« nähert sich allen dreien mit unterschiedlichen Konzepten.

Wer den Namen Ganghofer hört, denkt an rauschende Wasserfälle, tragische Liebschaften, wildromantische Bergschluchten, sture Almbauern, den Absturz vom steilen Fels, Weihnachtsglück, Eifersucht, Lederhosen und Gamsbart. Der Sohn eines Försters stieg mit seinen Volksstücken, Heimat- und Bergromanen – die er selbst »Hochlandromane« nannte – zum meistgelesenen Autor seiner Zeit auf. Leser verschlangen Werke wie *Das Schweigen im Walde* oder *Der Klosterjäger* geradezu. Nach seinem Tod sollte er überdies einer der meistverfilmten Schriftsteller werden.

Das Museum stellt mit Schautafeln und Exponaten in Schubladen den Vielschreiber Ganghofer vor, der kaum zum Schlafen kam. Der Schreibtisch, an dem er oft seine Nächte zubrachte, steht als Teil von Ganghofers privatem Nachlass im Stadtmuseum. Er gehörte zur Wohnungseinrichtung des Autors und seiner Frau Kathinka im Münchner Stadtteil Lehel. Das gutbürgerliche Domizil war zeitweise der Mittelpunkt des kulturellen Lebens der bayerischen Metropole. So gründete Ganghofer 1897 die Münchner Literarische Gesellschaft und förderte Talente. Auf der eigens eingerichteten Bühne im Wohnzimmer trat unter anderem der 14-jährige Schreinerlehrling Valentin Fey– später bekannt als Karl Valentin – erstmals öffentlich auf.

Zu Ganghofers Gästen zählten Schriftstellergrößen wie Hugo von Hofmannsthal, Rainer Maria Rilke, Gerhart Hauptmann, Ricarda Huch und der Münchner Literatur-Nobelpreisträger Paul Heyse. Einige von ihnen empfing der Naturbegeisterte auch in seinem Jagdhaus Hubertus im Tiroler Gaistal, wo er ab 1896 einen großen Teil seiner Zeit zubrachte. Dass Ganghofers Herz für die Jagd schlug, ist in Kaufbeuren nicht zu übersehen: Ausgestellt ist beispielsweise die Röhre, mit der er auf der

Ludwig Ganghofers Schreibtisch im Stadtmuseum Kaufbeuren

Eine Leselounge widmet sich dem gebürtigen Kaufbeurer Hans-Magnus Enzensberger

Pirsch den Hirschruf nachahmte. Mit dem Haus im Gaistal hatte sich der Autor einen Traum erfüllt. Schon früher hatte er sich gerne in diese Gegend zum Schreiben zurückgezogen.

Steil bergauf – so verlief Ganghofers Karriere. Bereits mit seinem ersten Volksstück *Der Herrgottschnitzer von Ammergau* hatte der promovierte Philosoph und Philologe 1880 für Furore gesorgt. Der Erfolg trug ihm eine Stellung als Dramaturg am Wiener Ringtheater ein. Dass das Theater im Dezember 1881 abbrannte, spornte Ganghofer nur an, sich noch mehr aufs Schreiben zu verlegen. Mit seinen Romanen, Stücken und Gedichten reihte er sich unter die Großverdiener ein. Für eine einzige Lesung bekam er 1.500 Mark – den Jahreslohn eines Arbeiters.

Selbst Kaiser Wilhelm II. nannte Ganghofer seinen Lieblingsschriftsteller. Und der Autor stand bedingungslos zu dem Monarchen. Dementsprechend stürzte er sich mit größter Begeisterung in den Ersten Weltkrieg. Als Berichterstatter von allen Fronten kündete er von den Heldentaten des Heeres. Seine *Kriegslieder* erschienen 1914 in dem Band *Eiserne Zither*, mehrere Bücher mit Kriegsberichten folgten. An der Front wurde er schwer verletzt. Vor allem aber nahm ihn die deutsche Niederlage mit. Er dachte daran, sich zu erschießen. Schließlich kaufte sich Ganghofer ein Haus am Tegernsee, wo schon sein Freund Ludwig Thoma wohnte. Dort waren ihm allerdings nur wenige Wochen vergönnt, ehe er verstarb.

Ebenfalls Bestseller – aber ganz anderer Art – schrieb Sophie la Roche. Ihre *Geschichte des Fräulein von Sternheim* von 1771 ist ein empfindsamer Briefroman über eine liebende

Frau, die sich weigert, zum Spielball intriganter Männer zu werden. Die in Kaufbeuren als Sophie Gutermann geborene Sophie La Roche wurde zur ersten erfolgreichen Romanautorin überhaupt in Deutschland. Allerdings war dazu Schützenhilfe nötig: Sophie La Roches Großcousin Christoph Martin Wieland hatte das *Fräulein von Sternheim* anonym herausgegeben – eine Frau als Autorin galt zu jener Zeit als undenkbar. Cousin und Cousine waren sich vorher bereits privat nähergekommen und sogar kurzzeitig verlobt. Auch wenn die Liaison nicht lange hielt und Sophie den Hofrat Georg Michael Frank La Roche ehelichte, blieben sie ein Leben lang verbunden. Mit La Roche, Beamter im Dienste des Grafen Friedrich von Stadion, zog die Autorin oft um. Mainz, Schloss Warthausen bei Biberach, Bönnigheim, Ehrenbreitstein, Speyer und Offenbach waren Stationen, an denen sie lebte. Während ihr Mann abwechselnd gute und schlechtere Positionen bekleidete, bestritt sie zeitweise den Lebensunterhalt der Familie als Berufsautorin. Sie veröffentlichte Reiseberichte und gab Deutschlands erste Frauenzeitschrift *Pomona für Teutschlands Töchter* heraus. In Ehrenbreitstein unterhielt Sophie La Roche einen literarischen Salon, zu dem sich unter anderem Johann Wolfgang von Goethe einfand. Ihre Enkel Clemens und Bettina Brentano, spätere von Arnim, trugen das literarische Erbe der Großmutter weiter.

Das Museum streut Informationen, Briefe und zeitgenössische Buchausgaben zwischen Silhouetten-Darstellungen der Sophie in verschiedenen Situationen ein: beim Schreiben und an ihrem Gästetisch, wo Besucher auf Knopfdruck fiktiven Gesprächen in ihrem literarischen Salon lauschen können.

Weniger einem Museum mit Ausstellungsstücken als vielmehr einer Leselounge gleicht der Bereich zum Lyriker, Essayisten und Medientheoretiker Hans Magnus Enzensberger. Der Sohn eines Post-Fernmelde-Ingenieurs und einer Hausfrau kam in Kaufbeuren zur Welt. Wie Ganghofer und La Roche blieb er nicht lange in der gemeinsamen Geburtsstadt. Er wuchs in Franken auf, wurde Rundfunkredakteur in Stuttgart, dann Lektor im Suhrkamp Verlag. Als Autor nahm er an Treffen der Gruppe 47 teil. Er begleitete die Studentenbewegung kritisch und bezog Stellung zu Zeitfragen. Im Lauf der Jahrzehnte wurde er so zur wichtigsten intellektuellen Stimme seiner Generation. Von 1965 bis 1975 gab Enzensberger die wegweisende Zeitschrift *Kursbuch* heraus. Museumsbesucher können in Sesseln sitzend in seinen Romanen lesen oder per Kopfhörer seine philosophischen Gedichte anhören: Der Schriftsteller spricht durch sein Werk.

Im schwäbischen Escorial

Benediktinerabtei Ottobeuren

Vom »All des Ottobeurer Tempels« schwärmte Arthur Maximilian Miller (1901–1992). Der Schriftsteller verbrachte seine letzten drei Lebensjahre in Ottobeuren, im Schatten der mächtigen Anlage des Benediktinerordens. »Schwäbisches Escorial« nennen sie manche, in Anlehnung an die gigantische Klosterresidenz im Herzen Spaniens. Miller widmete der Abtei Ottobeuren Essays, Erzählungen, Gedichte wie die mittelschwäbische Mundartballade *Maria in den Eldern* und den Roman *Der Herr mit den drei Ringen*.

Die Kirche der Abtei, die Basilika *Sankt Alexander und Theodor*, ist eine der bedeutendsten Barockkirchen Deutschlands. Miller ging so weit, sie mit einem lebendigen Wesen zu vergleichen: »begabt mit einer großen, alles umfassenden Seele«. Auf der Suche nach dieser Erfahrung besichtigen Scharen von Gläubigen und Kunstkennern täglich das 1766 geweihte Gotteshaus. Mit seinen farbenprächtigen Kuppelfresken, dem prachtvoll geschnitzten und vergoldeten Chorgestühl, 1.200 Engeln und Putten sowie drei Orgeln ist sie das Herzstück des barocken Baukomplexes.

Wie seit der Klostergründung im Jahr 764 gehen in Ottobeuren Benediktinermönche der Ordensregel *Ora et labora* – bete und arbeite – nach. Arbeit gibt es genug, sei es im Garten, Klosterladen und Gästehaus oder in der Imkerei, Bäckerei, Brennerei, Krankenseelsorge, Schule, Sakristei, Werkstatt und Verwaltung.

Neben der Kirche sind auch die ehemaligen Repräsentationsräume des Reichsabtes öffentlich zugänglich. Hier befindet sich das Klostermuseum. Es vermittelt eine Ahnung, welche Schätze sich in der mehr als 1250-jährigen Geschichte der Abtei angesammelt haben. Kunstinteressierte sehen dort geschichtsträchtige Möbel, Schnitzereien, historische Krippenfiguren aus dem 18. und 19. Jahrhundert, historische Pläne, die nostalgische, vollständig eingerichtete Klosterapotheke, eine Porzellansammlung, Globen, Altartafeln sowie religiöse Gemälde aus Gotik und Barock. Von der hohen Bedeutung des Buches für das Klosterleben zeugt ein aufgeschlagenes Choralbuch, das die Ottobeurer Mönche von 1684 bis 1965 für ihre Stundengebete benutzten. Eine Urkunde des Kaisers Otto I. von 972 belegt, dass der heilige Ulrich, Bischof von Augsburg und heutiger Bistumspatron, zeitweise Abt des Klosters Ottobeuren war. Höhepunkte des Museums sind der prächtige Kaisersaal mit seinen geschnitzten Statuen von 16 Habsburger Kaisern, der barocke Theatersaal und die Alte Bibliothek. In dem im 18. Jahrhundert gestalteten Bibliothekssaal fällt der Blick auf die Stuckdecke, die der Wessobrunner Künstler Johann Baptist Zimmermann (1680–1758) anfertigte. Das mittlere und größte der eindrucksvollen Deckengemälde stammt von Elias Zobel (1677–1718) und stellt die Ankunft des heiligen Benedikt auf dem Monte Cassino dar.

Neben dem Klostergebäude würdigt eine moderne Skulptur den Ottobeurer Pfarrer, Naturheilkundler und Autor Sebastian Kneipp

Eine Besonderheit in Ottobeuren sind die Bücher selbst. Die Abtei wurde im Rahmen der Säkularisation 1802 aufgelöst. Während aber die Bestände anderer Klöster zu dieser Zeit komplett geplündert wurden, blieb in Ottobeuren ein bedeutender Teil erhalten. Um 1835 besiedelten Benediktinermönche das Kloster wieder. Auch wenn Ottobeuren nun ein abhängiges Priorat des Klosters Sankt Stephan in Augsburg war: Die Bibliothek sollte geschlossen in Ottobeuren bleiben – das verfügte Bayerns König Ludwig I. 1842 sogar persönlich. Seit 1918 ist das Kloster wieder eine selbstständige Abtei. 15.000 in Schweinsleder gebundene Werke aus dem 12. bis 18. Jahrhundert zählen zum Bestand der Bibliothek. Darunter sind fast 100 Handschriften und zusätzlich mehr als 450 Inkunabeln, die vor 1500 gedruckt wurden. Wie andere Klöster besaß Ottobeuren ein Skriptorium – eine Schreibstube. In dieser entstand unter Abt Isingrim (1145–1180) das berühmte *Ottobeurener Evangeliar*. Mit dessen ganzseitigen Miniaturen auf Goldgrund sticht es gestalterisch unter anderen Evangelien-Texten hervor. Die Bibliothek, die im 19. Jahrhundert die Bestände weiterer Klöster – der Franziskaner in Lenzfried bei Kempten sowie der Kreuzherren und der Augustinereremiten in Memmingen – aufnahm, kann heute von Interessierten genutzt werden. Allerdings ist eine schriftliche Anmeldung notwendig, um einen Blick in die Bücher zu werfen.

Ab 1508 betrieb Ottobeuren als erstes Kloster Deutschlands eine eigene Druckwerkstatt. Als Leiter fungierte der Pater und Bibliothekar Nikolaus Ellenbog (1481–1543), der Ottobeuren zu einem Zentrum des süddeutschen Humanismus machte. Erstlingswerk der Druckerei war die Abhandlung *De Sancta Trinitate* (»Über die heilige Dreifaltigkeit«), die Alkuin (735–804), der wichtigste Berater Karls des Großen, verfasst hatte. Der hochgelehrte Ellenbog beschäftigte sich mit Mathematik, Medizin und Astronomie. Er war Briefpartner von Wissenschaftlern und Denkern seiner Zeit wie Johannes Reuchlin, Johannes Eck, Erasmus von Rotterdam und Konrad Peutinger. Im letzten Jahr vor seinem Tod durfte er erleben, wie Ottobeuren kurzzeitig Sitz einer benediktinischen Hochschule wurde. Von Ellenbog selbst ist ebenfalls ein gedrucktes Werk in der Bibliothek erhalten: *Passio Septem Fratrum* (»Die Leidensgeschichte der sieben Brüder«), aus dem Jahr 1511, erzählt vom heiligen Alexander, der in Ottobeuren verehrt wird. Aber auch Einblattdrucke, etwa mit Gebeten, Grabreden und Predigtauszügen, wurden mit der Ottobeurer Druckerpresse gefertigt. Im Jahr 1517 schaffte Abt Leonhard Wiedemann neue runde Lettern an: Drucke, die mit diesen ebenmäßigen lateinischen Antiqua-Typen gestaltet sind, bestechen noch heute durch ihre Formschönheit. Der Schmalkaldische Krieg, in dem historischen Quellen zufolge Truppen unter Landsknechtführer Sebastian Schertlin von Burtenbach (1496–1577) das Kloster und die Druckerei plünderten, setzte dieser Aktivität ein Ende.

Der Kurpark gleich neben der Klosteranlage trägt den Namen von Ottobeurens bekanntestem Sohn Sebastian Kneipp. Als Pfarrer von Wörishofen und Naturheilkundler machte er Wasserkuren populär. Aktiv war der Wasserdoktor zudem als Buchautor. Neben seinem Bestseller *Meine Wasserkuren* von 1866 verfasste er sehr beliebte landwirtschaftliche Sachbücher wie *Fritz, der fleißige Landwirt*, *Fritz, der fleißige Futterbauer*, *Fritz, der eifrige Viehzüchter*, *Die Kaninchenzucht* oder *Bienenbüchlein*. Ein Kräutergarten nahe dem Basilika-Parkplatz – ein Gemeinschaftsprojekt von Bund Naturschutz, Pfarrei, katholischem Frauenbund und Kneippverein – erinnert an Kneipp, der die Heilkraft der Kräuter propagierte. Er steht aber auch symbolisch für den Garten, den die Mönche Ottobeurens schon im Mittelalter pflegten.

INDE DONEC SOLVAS NOVISSIMUM QUADRANTEM
MATH. 5. V. 26.

Unten essen, oben lesen

Ehemaliges Benediktinerkloster Sankt Mang in Füssen

Unten leibliche, oben geistige Nahrung. Der barocke Bibliothekssaal im ehemaligen Benediktinerkloster Sankt Mang in Füssen liegt eine Etage über dem einstigen Refektorium – dem Speisesaal der Mönche. Beide sind oval angelegt. Oval ist auch die Öffnung in der Mitte der Räume, die beide Säle verbindet, sodass die Brüder auch beim Essen mit einem Blick nach oben stets das Geistige vor Augen hatten. Um die Räume im Winter leichter zu beheizen, konnte die Öffnung verschlossen werden. Dazu diente ein Gemälde Franz Zeilers vom Triumphwagen des heiligen Benedikt. Wurde es eingesetzt, besaß das Refektorium obendrein ein Deckengemälde.

Über dem Bibliothekssaal erstreckt sich ein Kuppelfresko, das Francesco Bernardini 1719 schuf. Es zeigt die göttliche Weisheit, Klugheit, Wahrheit und Erkenntnis als Frauengestalten. Auf den Balkonbrüstungen sitzen und stehen Putten des Bildhauers Anton Sturm. Ende des 11. Jahrhunderts lagerten in der Bibliothek bereits 100 Handschriften, aufgeführt in einem sogenannten Schatzverzeichnis. 25.000 Bände, darunter zahllose Wiegendrucke, reisten schließlich 1803 in Kisten verpackt auf Flößen über den Lech Richtung Wallerstein: Das Kloster war im Zuge der Säkularisation aufgehoben und dem nordschwäbischen Fürstenhaus Oettingen-Wallerstein zugeschlagen worden. Dessen Adelsbibliothek kaufte wiederum 1980 der Freistaat auf. Inzwischen ist sie Teil der Universitätsbibliothek Augsburg. Die zweistöckig angeordneten Regale des Bibliothekssaals sind heute mit dekorativen Bänden des 19. und 20. Jahrhunderts gefüllt. Die einstige Pracht der Büchersammlung des um 800 gegründeten Klosters ist also nur noch zu erahnen.

Dennoch sind in Vitrinen zurückgekehrte Buchschätze zu sehen: etwa ein Evangeliar aus der zweiten Hälfte des 9. Jahrhunderts und eine Choralhandschrift, die in der Schreibstube von Sankt Mang entstand. Weitere Höhepunkte des Museums der Stadt Füssen, das heute in den Konventsräumen untergebracht ist, sind der Kaisersaal mit seinen Stuckarbeiten sowie die monumentale Füssener Totentanz-Darstellung von 1602. Im Erdgeschoss des Ovalbaus befindet sich unterhalb des Refektoriums die moderne Stadtbibliothek mit mehr als 32.000 Büchern, Zeitschriften und Hörbüchern sowie einem hellen Lesecáfe.

Lesen
BÜCH
BUCH
PRESSE
CAFE
BUCH
PRESSE
CAFE
hausgemachter
KUCHEN
auch Vollwert
+ vegan

Urlaub gebucht

books – Bücher & Café in Oberstaufen

Oberstaufen als einen Geheimtipp zu bezeichnen wäre falsch. Touristen zieht es zu jeder Jahreszeit in den idyllischen Ort im Allgäu: ob für Schrothkuren, zum Wandern oder zum Skifahren. Kein Wunder, denn er liegt mitten im deutsch-österreichischen Naturpark Nagelfluhkette, dessen höchster Gipfel der Hochgrat mit 1.834 Metern ist. Drei Bergbahnen erschließen das Wandergebiet rund um Oberstaufen, das mehr als 160 Alpen und Alphütten zu bieten hat.

Einen Geheimtipp gibt es aber doch in Oberstaufen: das Café *books* mitten im alten Ortskern. Hier hat der Allgäuer Karl-Ludwig Maier ein gemütliches Lesereich eingerichtet. Die Buchhandlung, die er seit mehr als 35 Jahren führt, erweiterte er Ende der 90er-Jahre um ein Café. Nun findet sich in der einen Hälfte des rustikalen Hauses eine moderne Buchhandlung, in der anderen stehen quadratische Kaffeehaustischchen. Mehr als 2.000 gebrauchte Bücher gibt es bei *books* zu entdecken und sofort zu lesen – vom Asterix-Comic über Loriots Gesammelte Werke bis zum skandinavischen Krimi. Sie füllen die Regalbretter über den Fenstern und stapeln sich sogar auf den Holzbalken unter der Decke. Gäste dürfen sich darüber hinaus aus der hauseigenen Buchhandlung Leseexemplare aktueller Neuerscheinungen mit an die Tische nehmen. Gleiches gilt für täglich aktuelle Ausgaben wichtiger Tageszeitungen und zahlreiche Magazine, die im Café bereitliegen.

Maier, der auch einen kleinen Buchvertrieb führt und unter anderem Supermärkte in Deutschland und Österreich mit Gedrucktem versorgt, kommt gerne mit den Gästen ins Gespräch. Daher weiß er, viele seiner Kunden werden neben den Büchern auch von der ausschließlich vegetarischen und veganen Küche angezogen, die das *books* anbietet. »Der Renner sind unsere vegetarischen und veganen Burger«, preist Maier die Gerichte an. Neben diesen Klassikern, hausgemachten Suppen sowie Vollwertkuchen stehen wöchentlich wechselnde Leckereien auf der Karte, die das *books* im Internet veröffentlicht.

Egal, welches Wetter gerade herrscht – fast immer sitzen Gäste unter der mächtigen Kastanie vor dem *books* und lesen. Bei Kälte und Schnee im Winter mummeln sich die Draußensitzer eben in warme Decken ein.

Bürgerstolz und nackte Männer

Ehemals Reichsstädtische Bibliothek in Lindau

Im Herzen der Bodenseeinsel Lindau steht das Alte Rathaus. Äußerlich gleicht der von 1422 bis 1436 errichtete Bau einem Bilderbuch: Die verspielte Bemalung der Fassade erzählt Szenen aus der Stadtgeschichte, etwa vom Reichstag, der 1496 in Lindau tagte. Zu dessen Teilnehmern gehörte auch der Reichsritter Götz von Berlichingen, den Johann Wolfgang von Goethe später in seiner Tragödie verewigte.

Durch ein massives Spitzbogenportal an der Südseite treten Besucher in einen nüchtern gestalteten und doch prachtvollen Raum. Seinen Schmuck machen die kostbaren Bücher der Ehemals Reichsstädtischen Bibliothek aus, die bis unter die Balkendecke zwischen den mächtigen Pfeilern aus dem 15. Jahrhundert aufgereiht stehen. 1538 legten die Stadtväter diese Büchersammlung an, um gelehrten Bürgern, Ratsherren und protestantischen Predigern Literatur zugänglich zu machen. Zehn Jahre zuvor hatte sich Lindau der Reformation angeschlossen. Die Reichsstadt wollte mit der Bibliothek ein Zeichen ihrer Bedeutung setzen. Schließlich war sie ein florierendes Handelszentrum und rühmte sich eines eigenen Kurierdienstes: Der Lindauer Bote reiste wöchentlich über die Bündner Alpenpässe nach Mailand. Außerdem transportierten Schiffe von Lindau aus bayerisches Salz in die Schweiz.

»Die Bibliothek spiegelt wissenschaftliches Interesse, Humanismus und Aufklärung in einer Freien Reichsstadt der Frühen Neuzeit wider«, sagt Heiner Stauder, der die Einrichtung als Leiter des städtischen Archivs betreut. In einem Glaskubus, der sie vor Verschmutzungen und Temperaturschwankungen schützt, liegen rund 16.000 Bände, größtenteils aus den Jahren 1450 bis 1802. Unter ihnen befinden sich etliche Handschriften sowie 160 Wiegendrucke vor 1500. Auch eine der größten Bibelsammlungen Süddeutschlands mit knapp 200 Exemplaren, darunter vier von insgesamt 18 gedruckten deutschen Bibelübersetzungen vor Martin Luther, ist im Besitz der Bibliothek.

Ein Unikat in deren Bestand ist das handschriftliche Lehrbuch *Practica Copiosa von dem Rechten Grundt deß Bruch Schnidts*, das der Lindauer Chirurg und Augenarzt Caspar Stromayr 1559 verfasste. Die kolorierten Zeichnungen darin zeigen detailliert die Behandlung von Leistenbrüchen – natürlich ohne Narkose: Selbst die schmerzverzerrten Gesichter der Patienten sind lebensecht dargestellt. Zutritt zur Bibliothek hatten lange Zeit nur Männer. Das lag auch an Büchern wie *De humani corporis fabrica* von 1555, das vom flämischen Mediziner Andreas Vesal stammt. Diesen anatomischen Atlas schmücken mehr als 200 Holzschnitte, von denen einige Details des männlichen Körpers zeigen. Davor, so hieß es, müssten die Damen geschützt werden. Dadurch konnten sie allerdings auch nicht Werke wie die *Unterweisung des Frauenzimmers oder Lehr-Sätze der Höflichkeit für eine Adeliche Dam geschrieben* von 1690 lesen.

Der Eingang zur ehemals Reichsstädtischen Bibliothek an der Südseite des alten Rathauses

Eine Infowand mit Illustrationen und Erläuterungen gegenüber den Regalen stellt all die Kostbarkeiten der Bibliothek vor. So besitzt sie ein Exemplar von Leonhart Fuchs' *New Kreüterbuch* aus dem Jahr 1543. Der 1501 in Wemding geborene Fuchs wirkte als Medizinprofessor in Tübingen und veröffentlichte als einer der ersten naturgetreu gezeichnete Pflanzenbilder. Botaniker benannten später die Fuchsie nach ihm. Auch ein Kräuterbuch von 1607 mit echten, getrockneten Pflanzen findet sich hier. Die Liste der Lindauer Zimelien ist lang: ein Wiegendruck des Ritterepos *Parzival* von 1477 gehört dazu, außerdem mehrere Erstausgaben von Werken Johannes Keplers, darunter *De Stella Nova*, in dem er 1606 über die Erscheinung eines neuen Sterns, einer Supernova, berichtete. Unbekannt ist der Verfasser einer rätselhaften alchemistischen Handschrift von 1700. Für Regionalhistoriker sind die Schriften des Lindauer Pfarrers, Astronomen und Mathematikers Johannes Gaupp (1667–1738) interessant. Erhalten ist unter anderem seine theoretische

Abhandlung über Sonnenfinsternisse von 1724. Gaupp konstruierte Sonnenuhren und wirkte an einem verbesserten Kalender mit.

Aufgestellt sind die Bücher heute wie damals nach einem System, das der Lindauer Pfarrer und Bibliothekar Johann Gottlob Lorenz Sembeck Mitte des 18. Jahrhunderts ersann. Er teilte die Themengebiete in sechs Hauptgruppen und mehrere Untergruppen ein. So wurden die Bände etwa mit A für Naturgeschichte, Physik und Ökonomie, D für Mathematik, L für Jura oder N für Kirchengeschichte gekennzeichnet. Es folgte eine römische Ziffer für das Format wie Folio oder Quart und schließlich eine laufende Nummer in arabischen Ziffern. Sembeck ordnete die Bücher nicht nur, er sorgte auch dafür, dass sie benutzt wurden: So gründete er eine Lesegesellschaft als Diskussions- und Gelehrtenzirkel, wie es für die Zeit der Aufklärung typisch war. Das Bürgertum informierte sich und tauschte sich aus. Bibliotheken dienten damals ferner als Ausstellungsräume für Interessantes und Kurioses: So gehörten auch astronomische Instrumente und Skelette zu den Beständen. Heute sind sie im Lindauer Stadtmuseum zu sehen.

Mit dem Ende des Heiligen Römischen Reichs wurde Lindau zuerst österreichisch, 1806 bayerisch. Die berühmte Statue des Bayerischen Löwen an der Hafeneinfahrt – inzwischen ein Wahrzeichen der Stadt – stellten die neuen Herren Lindaus 1856 auf. Es ging ihnen auch darum, ihren Machtanspruch zu zeigen. Bayerns Könige schlossen Lindau an die Nord-Süd-Verbindung der Eisenbahn an und planten eine große Bahnachse über die Stadt in Richtung Schweiz. Die Bibliothek, in der sich bis zum Ende der Reichsstadtzeit rund 13.000 Bände angesammelt hatten, geriet ab jener Zeit mehr und mehr in Vergessenheit. Bis sich die Stadt entschied, ihr mithilfe von EU-Fördermitteln ein neues Domizil zu verschaffen. Seit dem Jahr 2013 präsentiert sie sich im stilgemäßen Ambiente. Besucher sollten nicht verpassen, um das Gebäude herumzugehen und die ebenfalls opulent gestaltete Nordfassade mit der gotischen Holztreppe und dem Glockentürmchen zu betrachten, das von einem Lindenbaum bekrönt wird. Auf dem Platz vor dem Alten Rathaus, in dessen Erdgeschoss die Bibliothek untergebracht ist, versammeln sich jedes Jahr im Sommer Hunderte Kinder mit Fahnen und Blumenkränzen und lassen ihre Stadt hochleben. Das Lindauer Kinderfest ist noch heute so farbenfroh und lebendig wie 1655, als es entstand.

Regensburg und der Osten

Staatliche Bibliothek Passau

Nach den Sternen greifen

Museum document Keplerhaus in Regensburg

Unerhört, was Johannes Kepler (1571–1630) entdeckte: Die Planeten kreisen auf elliptischen Bahnen um die Sonne, die Verbindungslinien zwischen Sonne und Planet überstreichen in gleichen Zeiten gleiche Flächen und die Quadrate der Umlaufzeiten verhalten sich wie die dritten Potenzen ihrer mittleren Entfernung. Wer hier nicht mehr mitkommt, der sollte sich das Modell zu den drei Kepler'schen Gesetzen im Regensburger *document Keplerhaus* ansehen. Mit Leuchtgrafiken erklärt es plastisch die Erkenntnisse, die den schwäbischen Astronomen weltberühmt machten – aber nicht reich.

Nach Regensburg, wo er schwer erkranken und sterben sollte, war Kepler nur gekommen, um auf dem Reichstag ausstehenden Lohn von Kaiser Ferdinand einzutreiben. Im Lauf seines Lebens war Kepler Theologiestudent in Tübingen, Mathematikprofessor in Graz (mit nur 23 Jahren), kaiserlicher Mathematicus und Astronom in Prag sowie Berater des Feldherrn Albrecht Wallenstein in Schlesien.

In seinem Sterbehaus richtete die Stadt Regensburg ein Museum ein. Es informiert mithilfe von historischen Dokumenten über Keplers Lebensstationen, Theorien, Weggefährten, Arbeitgeber und Gegner. Neben Porträts und Skulpturen des Gelehrten sind seine Werke, teils Originalausgaben, zu sehen – beispielsweise das weitverbreitete, von der Kirche verbotene Astronomie-Lehrbuch *Epitome Astronomiae Copernicanae*, die *Harmonice Mundis*, in der Kepler eine Weltordnung entwarf, die auf Harmonien beruht, sowie die *Rudolphinischen Tafeln*. Letztere liefern eine praktische Anleitung, um die exakten Positionen von Planeten, Sonne und Mond zu bestimmen, und war 200 Jahre lang ein Standardhandbuch vor allem für die Seefahrt.

Wenn auch Kepler selbst nicht in Regensburg als Wissenschaftler wirkte, blickt die Sternkunde der Stadt doch auf eine reiche Tradition zurück, mit Institutionen wie der Klostersternwarte Sankt Emmeram und dem Observatorium im Kloster Prüfening. Im Keplerhaus zeugt davon eine Ausstellung astronomischer und physikalischer Instrumente: So erfahren die Besucher, was es mit Planetariumsuhr, Kometensucher und Tellurium auf sich hat. Aber auch die Rechenmaschine, die Keplers Freund Wilhelm Schickard in Tübingen konstruierte, wird hier präsentiert.

Skulptur des Gelehrten Johannes Kepler im Keplerhaus

Bei den Postboten des Kaisers

Fürst Thurn und Taxis Hofbibliothek in Regensburg

Wenn früher in deutschen Landen die Post abging, waren die Thurn und Taxis im Spiel. Von 1490 bis 1806 betrieb die Familie die Kaiserliche Reichspost. Kein Wunder, dass die Hofbibliothek im ehemaligen Kloster Sankt Emmeram zu Regensburg – eine der größten Privatbibliotheken weltweit – zahllose Dokumente zum Post- und Verkehrswesen beherbergt.

Um 1748 ließ sich das Adelsgeschlecht an der Donau nieder: Fürst Alexander Ferdinand (1704–1773) und seine Nachfahren waren fortan Prinzipalkommissare auf dem Immerwährenden Reichstag. Diese Ständevertretung tagte bis zum Ende des Heiligen Römischen Reichs 1806 in Regensburg. Prinzipalkommissare waren Repräsentanten des Kaisers: Theater und Hofkapelle waren daher ein Muss. Entsprechend finden sich in der Hofbibliothek heute mehr als 2.500 Musikhandschriften. Damit ist sie eine der weltweit bedeutendsten Sammlungen zur Musik des 18. Jahrhunderts. Keimzelle der Bibliothek war die private Büchersammlung des Fürsten Alexander Ferdinand mit 2.330 Werken, die teils von den früheren Wohnsitzen der Familie in Brüssel und Frankfurt stammten. Dessen Sohn, Fürst Karl Anselm, machte die Hofbibliothek, damals noch in der heutigen Gesandtenstraße, öffentlich zugänglich. Am 4. Januar 1787 trug sich ein gewisser »Kohlhaas« als Erster in das Besucherbuch ein.

In den Besitz des aufgehobenen Reichsstifts Sankt Emmeram als neue Residenz gelangten die Fürsten 1812, womit Bayern sie für den Wegfall des Postprivilegs entschädigte. Sie richteten ihre Bibliothek hier ein, die mittlerweile um Bestände aus säkularisierten Klöstern wie Neresheim und Marchtal gewachsen war. Besucherbücher gibt es heute wie vor mehr als 230 Jahren. Interessenten können den Bestand von mehr als 240.000 Einheiten, der rund 400 Handschriften und 1.300 Wiegendrucke umfasst, sowie das Archiv nutzen.

Schmuckstück unter den Bibliotheksräumen ist der barocke Saal, den die Mönche von Sankt Emmeram 1732 hatten erbauen lassen. Aus konservatorischen Gründen ist er nur zu besonderen Anlässen wie dem Tag der Archive zugänglich. Maler Cosmas Damian Asam gestaltete die Deckenfresken. Im Asamsaal stehen 12.000 Bände aus dem Altbestand der fürstlichen Hofbibliothek in bis zu 20 Regalreihen übereinander und bieten einen imposanten Anblick.

Der Eingang zur Fürst Thurn und Taxis Hofbibliothek

Kulturgeschichte
Geschichte allgemein
Hitler
Adolf Hitler
HITLER
Berlin 1945
STALINGRAD
KRIEG DER PANZER
INVASION
SEEKRIEG
LUFTKRIEG
STALINGRAD
HEINZ HÖHNE
Die Römer
Der Mann ohne Gesicht
PAUL CARELL STALINGRAD
Deutschland
Die Hethiter
CATAL HÖYÜK
Richard Collier
DÜNKIRCHEN
Ivar Lissner
Wir sind das Abendland
Friedrich Ebert
ICH TIBERIUS
ROMMEL

Zwischen Altar und Apothekerschrank

Literaturcafé Spiegelgasse in Regensburg

»Lernet, meine Brüder! Denket, leset und lernet das Fremde kennen, und entfernet euch nicht vom Eigenen!« Dieser Satz von Taras Schewtschenko, Lyriker und Nationalheld der Ukraine, ist Peter Skrabuts Leitspruch. Der Antiquar, der sich in der Regensburger Spiegelgasse ein uriges Reich der Bücher geschaffen hat, stammt von Vertriebenen aus der Ukraine ab. Er wuchs zweisprachig auf. Seine Mutter kommt aus Czernowitz, der Stadt, in der auch die Lyrikerin Rose Ausländer (1901–1988) und der Dichter Paul Celan (1920–1970) geboren wurden. Mit seinem langen Bart ähnelt Skrabut einem frommen, aber freundlichen Einsiedlermönch der Ostkirche.

In der früheren Kutschen-Remise der Spanischen Gesandtschaft in der Spiegelgasse richtete der Bücherbegeisterte 2005 ein Antiquariat ein. Seit 2011 betreibt er es als Literaturcafé. Im und neben einem massiven Bibliotheksschrank, der einst zu einer Apotheke gehörte, ragen die Bände bis zur Decke. Dazwischen stehen afrikanische Trommeln und eine zunächst merkwürdig wirkende weibliche Schaufensterpuppe mit langer schwarzer Perücke und Weihnachtsmannkostüm. »Die nehme ich als Blickfang mit auf Flohmärkte«, sagt Skrabut, der auch auf Trödelmärkten unterwegs ist.

Insgesamt lagern hier und im Keller mehr als 100.000 Bände. Schwerpunkte sind Regionales, Bavarica, Politik, Geschichte, Reise und Belletristik. Vieles bietet Skrabut, der im Laden von Lebensgefährtin Monika Bock unterstützt wird, zum kleinen Preis an. Aber auch Schätze hortet der Buchhändler, seitdem er einige Nachlassbibliotheken gekauft hat. So verfügt er über signierte Erstausgaben der Werke von Autoren wie Wolfgang Koeppen und Hermann Lenz. Fans der Regensburger Unterhaltungsschriftstellerin Sandra Paretti (1935–1994), die weltweit mehr als 30 Millionen Bücher verkaufte und noch nach ihrem Freitod durch eine selbst verfasste Todesanzeige in der *Neuen Zürcher Zeitung* für Schlagzeilen sorgte, finden ebenfalls signierte Exemplare.

Autorinnen und Autoren aus Regensburg und anderswo stellen ihre Werke gern im Literaturcafé vor. Sie lesen dann an einem Pult, das früher als Altar in einer neuapostolischen Kirche stand. Außerdem finden Ausstellungen und Konzerte – etwa mit bayerischen Gstanzln – in Skrabuts Reich statt.

LITERATURARCHIV

Wo Oskar auf die Trommel haut

Literaturarchiv Sulzbach-Rosenberg

»Unterrichtungstafeln« heißen die braunen Schilder an Autobahnen, die auf Sehenswürdigkeiten hinweisen. Auf der Tafel zu Sulzbach-Rosenberg an der A 6 ist der kleine Oskar Matzerath zu sehen, wie er auf seine Blechtrommel haut. Wer hier die Autobahn verlässt, kann die erste Schreibmaschinenfassung von Günter Grass' (1927-2015) Roman *Die Blechtrommel* im Literaturarchiv Sulzbach-Rosenberg bestaunen.

Das Archiv, Museum und Literaturhaus in einem beherbergt zudem den Tisch, an dem Hans Werner Richter (1908–1993) Autorinnen und Autoren um sich scharte. Ohne die von ihm begründete Gruppe 47 – einen losen Zusammenschluss von Schriftstellern, Kritikern und Lektoren, die sich von 1947 bis 1967 an wechselnden Orten trafen und aus ihren Werken lasen – ist die deutsche Nachkriegsliteratur nicht denkbar.

Zu verdanken hat Sulzbach-Rosenberg diese hochkarätige Institution Walter Höllerer (1922–2003). Der gebürtige Sulzbacher gehörte als Schriftsteller der Gruppe 47 an und war Herausgeber der Literaturzeitschrift *Akzente*. Höllerer stellte der Stadt 35.000 Autorenbriefe, geschrieben an die *Akzente*-Redaktion, zur Verfügung und legte so den Grundstein für das Literaturarchiv. Absender oder Empfänger waren unter anderem Hans Magnus Enzensberger, Martin Walser und Ingeborg Bachmann, dazu Exilautoren wie Nelly Sachs und Erich Fried.

1977 weihten Höllerer und Gleichgesinnte im einstigen Amtsgericht das Literaturarchiv ein. Zur Eröffnung kochte Günter Grass Pilzsuppe für die Gäste. Bereits im Jahr zuvor hatte der Trägerverein des Archivs dessen Ur-Blechtrommel gekauft. Lange hatte diese Fassung als vernichtet gegolten – Grass hatte sie in einem Koffer in seiner früheren Pariser Wohnung vergessen. Nun liegt sie samt Koffer in einem der acht Ausstellungsräume. Briefe, Druckfahnen, Fotos, Videos und Erstausgaben beleuchten die deutsche Literatur nach 1945, die Zeitschrift *Akzente*, die Gruppe 47 und das Wirken Oberpfälzer Autoren wie Georg Britting (1891–1964) oder Eugen Oker (1919–2006). Jener hat, wie zahlreiche andere Schriftsteller, seinen Nachlass dem Archiv vermacht. Lesungen beleben das Haus. Im Gästebuch – einem großen Ei aus Gips, das Höllerer 1979 im Foyer deponierte – verewigt sich mindestens einmal im Monat ein weiterer Autor.

Vogel aus dem Kopf

Stiftsbibliothek der Zisterzienserinnen-Abtei Waldsassen

Wenn die Zisterzienser Klöster bauten, dann stets an abgelegenen Orten, weit entfernt von Trubel und Geschäftigkeit. So auch im Tal des Flüsschens Wondreb, wo sie 1133 ihre erste Gemeinschaft in Altbayern gründeten: Waldsassen.

Das hügelige und waldreiche Gebiet an der tschechischen Grenze mit seinen unzähligen Weihern, Kirchen und Burgen heißt noch heute Stiftland – nach dem seit 1147 reichsunmittelbaren Stift Waldsassen, dessen Abt Herr über diese Ländereien war. Im Zuge der Reformation wurde das Kloster 1556 aufgehoben, Ende des 17. Jahrhundert schließlich wieder besiedelt. Aus dieser Zeit stammt die barocke Basilika Mariä Himmelfahrt. Sie ist mit 83 Metern eines der längsten Gotteshäuser Bayerns und schmiegt sich samt ihrer weit ausgreifenden Nebengebäude in die grüne Landschaft. Johann Wolfgang von Goethe machte 1786 auf seiner Italienischen Reise hier Station. Er schrieb: »In Bayern stößt einem sogleich das Stift Waldsassen entgegen – köstliche Besitztümer der geistlichen Herren, die früher als andere Menschen klug waren. Es liegt in einer Teller-, um nicht zu sagen Kesseltiefe, in einem schönen Wiesengrunde, rings von fruchtbaren sanften Anhöhen umgeben.«

Auf einer späteren Reise besuchte Goethe die Bibliothek der Abtei – damals wie heute ein Zauberreich der Bücher. Schon der Zugang mutet an wie in einem Märchenschloss: eine Holztreppe mit Balustraden und 13 Stufen läuft nach oben eng zu und endet in einem geschnitzten Portal. Zwei Frauengestalten flankieren es: Sie verkörpern den Glauben und die Weisheit. Hinter dem Eingang erstreckt sich ein 25 Meter langer Raum – die Bibliothek. Abt Eugen Schmid ließ den 1678 erbauten Saal in den Jahren 1724 bis 1726 in seiner ganzen Fülle ausgestalten. Schmid war Bibliothekar gewesen, bevor er das höchste Amt im Stift übernahm. Aus seiner Feder soll das Werk *Betrachtungen oder Brot für die Seele für die einzelnen Tage des Jahres von einem Mönch von Waldsassen* stammen. In der Bibliothek ist dieses Traktat zu finden.

Mehrere Künstler haben hier innerhalb von gut zwei Jahren ein kongeniales Gesamtwerk geschaffen, das jährlich Zigtausende Bücherbegeisterte und Kunstfreunde anzieht. Die zweistöckig angeordneten Regale mit ihren bauchigen Emporen und Galerien, die wie schwebende Theaterlogen in den Raum hineinragen,

Bücher in der Stiftsbibliothek der Zisterzienserinnen-Abtei Waldsassen

zimmerte Andreas Witt, Schreiner aus Waldsassen. Von ihm stammen auch die versteckten Spindeltreppen in den Ecken, die zur oberen Bücheretage führen. Faszinierend ist, was der ebenfalls in Waldsassen geborene Holzbildhauer Johann Karl Stilp (1668–1735) aus diesem Grundgerüst schuf. Acht antike Persönlichkeiten thronen als Porträtbüsten oben auf den Regalabschlüssen: Sokrates, Platon, Demokrit, Sophokles, Cicero, Caesar, Scipio Africanus und – für ein Kloster ungewöhnlich – der unerbittliche Christenverfolger Nero. Die Hingucker schlechthin aber sind die Lindenholzfiguren an den Seitenteilen der Regale. Wie Atlas aus der griechischen Mythologie das Himmelsgewölbe auf seinen Schultern trägt, so stützen sie die Balkone. Allerdings stellen sie keine mythischen Helden dar, sondern drollige Fastnachtsfiguren: einer besitzt Eselsohren, einem wächst ein Vogel aus dem Kopf, einem anderen krabbeln Mäuse durch den Bart. Die Skulpturen werden als Verkörperungen des menschlichen Hochmuts und seiner verschiedenen Ausprägungen interpretiert. Andere Betrachter haben die grimassenhaften Gestalten als sinnbildliche Vertreter verschiedener Tätigkeiten gedeutet, die mit dem Buch zu tun haben. Vom Lumpensammler, der die Rohstoffe für das Papier zusammenträgt, über den Klostermüller, der Pflanzenfasern und Kleister aus Getreide herstellt, den Buchbinder, Buchdrucker, Schriftsteller, Buchhändler bis hin zum Kritiker und

Leser. Viele kleine, teils groteske Säulenfiguren ergänzen das Panoptikum.

Wer den Blick nach oben lenkt, erblickt vier majestätische Deckengemälde des Malers Karl Hofreiter aus Bayreuth. Sie stellen das Wirken des Zisterzienser-Heiligen Bernhard von Clairvaux (1090–1153) dar. Eine Szene zeigt das sogenannte Laktationswunder: Die Muttergottes soll dem frommen Zisterziensermönch durch einen Strahl ihrer Muttermilch zu trinken gegeben haben. Auf einem anderen Bild ist der Heilige in einer Bibliothek über ein Buch gebeugt zu sehen. Ein Bienenkorb zu seinen Füßen weist auf seinen Beinamen als *Honigfließender Lehrer* hin. So wurde Bernhard wegen seiner einnehmenden Predigten genannt.

Diese Heiligendarstellungen hat Hofreiter mit einem Effekt versehen. Je nachdem, wo der Betrachter im Raum steht, erscheinen die Figuren in anderen Posen. Direkt über den Regalen finden sich auf kreisrunden Medaillons Porträts von Kirchenlehrern wie Thomas von Aquin und Augustinus. Wie Chroniken verzeichnen, erhielt Hofreiter 256 Gulden für das gesamte Gemälde. Zwischen den Bildnissen tummeln sich Ranken, Blätter und Blüten sowie Schwäne, Hasen, Füchse, Greifen, Affen und viele andere Lebewesen als Stuckverzierungen. Sie sind das Werk des Künstlers Jacopo Appiani (1687–1742) aus der Lombardei.

Und die Bücher? Die Zisterzienserabtei besaß bis zur Säkularisation 1803 rund 19.000 sehr wertvolle Werke, unter ihnen rund 50 vor 1500 entstandene Wiegendrucke. Als das Kloster aufgehoben wurde, nahm die neu gegründete Provinzialbibliothek in Amberg 3.520 Waldsassener Bücher auf. Der Rest wurde versteigert oder sogar achtlos weggeworfen.

Nur wenige Generationen nach der Schließung wurde das Kloster Waldsassen wieder besiedelt, diesmal von Frauen. 1863 gründeten Zisterzienserinnen aus dem Landshuter Kloster Seligenthal hier einen Konvent. Bis heute führen die Nonnen eine Mädchenrealschule, außerdem ein Gästehaus sowie ein Kultur- und Begegnungszentrum und neuerdings sogar eine Straußenfarm.

Ein Teil der Waldsassener Bände kehrte 1965 aus Amberg als Dauerleihgabe in die Regale zurück: 2.000 theologische Schriften, darunter viele Bestände aus Waldsassen, aber auch aus anderen aufgehobenen Klöstern. Mit ihren hellen Ledereinbänden passen sie sich perfekt in das Gesamtkunstwerk dieses Bücherreiches ein.

Konzerte, Lesungen, Führungen durch den Klostergarten und Seminare – etwa über gesunde Küche und Kräuterwissen – ziehen das ganze Jahr über Besucher ins Kloster Waldsassen. Wer auf der Suche nach Ruhe und Einkehr ist, kann hier Tage der Stille verbringen.

REGEN

Der Literat zieht in den Wald

Museum Fressendes Haus in Regen

Weil er den Anschlusszug verpasst hatte, strandete Siegfried von Vegesack (1888–1974) im Kriegsjahr 1917 in Regen. Der baltische Autor nahm die Gelegenheit wahr, sah sich im Bayerischen Wald um und entdeckte die verfallene Burg Weißenstein. Es muss Liebe auf den ersten Blick gewesen sein: Vegesack erwarb den ehemaligen Getreidekasten, ein verlassenes Wirtschaftsgebäude der Burg. Er sollte dort mit Unterbrechungen bis zu seinem Tod leben.

Heute erinnert in dem hoch aufragenden Haus, das nun ein Heimatmuseum beherbergt, eine Dichterstube mit Holztisch, Sekretär und Schreibmaschine an den Literaten. Als sein wichtigstes Werk gilt die Romantrilogie *Die Baltische Tragödie*, in der er die Spannungen zwischen den sozialen Schichten sowie Deutschen und Russen in seiner Heimat thematisiert. Er schrieb aber auch Kinderbücher, Gedichte – darunter eine liebenswerte Hommage an das Moos – sowie Erzählungen, etwa über die sagenhafte Gestalt des Mühlhiasl und seine Prophezeiungen.

Weil er beim Fechten in einer Studentenverbindung ein Auge verloren hatte, trug er Monokel. Nicht nur wegen des distinguierten Aussehens galt er den Dörflern als Sonderling: Der Herr, der mit Frau und einjähriger Tochter in den zugigen und feuchten Kasten gezogen war, kaufte Ziege, Kuh und Hühner und baute ein Windrad, mit dem er leidlich Strom erzeugte. Das wenige Geld, das er als Autor und Übersetzer aus dem Russischen und Schwedischen verdiente, steckte er in den Bau, den er darum das »Fressende Haus« nannte. So auch der Titel von Vegesacks Roman, in dem er das Leben in Weißenstein verarbeitete. Als dieser 1932 erschien, hatte die Familie das Fressende Haus vermietet und lebte in der Schweiz.

Wieder in Deutschland geriet Vegesack 1933 mit den Nationalsozialisten aneinander. Er wurde vorübergehend in Schutzhaft genommen, emigrierte dann nach Schweden, reiste durch Südamerika, meldete sich aber 1941 freiwillig zur deutschen Wehrmacht, der er bis 1944 als Dolmetscher in Russland diente. Mit seiner zweiten Frau Gabriele zog Vegesack 1945 wieder in das Fressende Haus – und blieb. Hier empfing er befreundete Künstler wie Werner Bergengruen und Alfred Kubin. Hier starb er auch und wurde in einem nahen Wald begraben – neben seiner Frau und seinen Hunden.

Weisheit alt und jung

Benediktinerabtei Metten

Sapientia aedificavit sibi domum – »die Weisheit hat sich ein Haus gebaut«. Dieses biblische Zitat aus dem Buch der Weisheit prangt über der Eingangspforte zur Barockbibliothek in der Abtei Metten. In diesem Fall ist es mehr als ein einfaches Haus. Die prachtvolle Bibliothek mit ihren geschwungenen Regalen, schneeweißen Statuen, die sich um Säulen schlingen, und rätselhaften Deckenmalereien ist ein wahres Schloss, ein Palast der Weisheit.

Der Schatz, der hier aufbewahrt wird, enthält das Wissen von Jahrhunderten. In einer Vitrine inmitten des gewölbeartigen Raumes liegen die kostbarsten Bücher aufgeschlagen. Dazu gehören eine Bibel des ersten Augsburger Druckers Günther Zainer, die Weltchronik des Nürnberger Arztes Hartmann Schedel und ein Antiphonar von 1437 mit den Melodien aller Gesänge des Stundengebets – handgeschrieben im Kloster Metten selbst.

Zugänglich ist der Bibliothekssaal nur im Rahmen von Führungen. Er ist Teil des Klausurbereichs, in dem die Mönche wohnen, beten und zusammenkommen – so wie es ihre Vorgänger seit mehr als 1000 Jahren taten. Anno 766 ließen sich die Benediktiner am Ufer der ungezähmten Donau nieder: Im Süden erstreckte sich die reiche, fruchtbare Landschaft des Gäubodens, im Norden das weitgehend unbesiedelte Wald- und Moorgebiet des Bayerischen Waldes. Dazwischen errichteten die Brüder, die von der Bodenseeinsel Reichenau stammten, eine Insel der Erkenntnis. Das Abschreiben, Sammeln und Studieren von Büchern gehörte zu ihren vornehmsten Tätigkeiten. Eine erste Bibliothek muss um das Jahr 1265 errichtet worden sein. Vorher hatte ein Brand das Kloster weitgehend zerstört. Um 1624 bauten die Mönche den heutigen Bibliothekstrakt. Aber erst rund 100 Jahre später ließ Abt Roman II. Märkl ihn in seinem heutigen Gewand ausgestalten.

Das Eingangsportal zu diesem Haus der Weisheit bewachen zwei Skulpturen. Sie stellen Weisheit und Religion dar. Im Saal fallen die kühn geschwungenen und üppig verzierten Bücherschränke ins Auge. Sie stammen vom Straubinger Schreiner Jakob Schöpf. Der Freskenmaler Innozenz Waräthi aus Südtirol stattete den Raum mit 14 großen und vielen kleinen Deckenbildern aus. Als eine Art gemalter Bestandskatalog weisen sie auf die Themengebiete der Bibliothek hin – darunter alleine zwölf Teilbereiche der Theologie, aber auch weltliche Abteilungen wie Medizin, Musik oder Astronomie. Besucher

Die moderne Bibliothek der Benediktinerabtei Metten

können in den Deckenbildern wie in einem Buch lesen. So sind die beiden Kirchenväter Thomas von Aquin und Bonaventura einander gegenübergestellt. Thomas stellt die Frage, was der Ursprung der Weisheit sei. Wenn sich der Betrachter um 180 Grad dreht, erfährt er die Antwort: »Die Weisheit kommt vom Kreuz«.

Wie allen bayerischen Klöstern blieb Metten die Aufhebung und Plünderung im Namen der Säkularisation um 1803 nicht erspart. Auch die Bibliothek wurde geschlossen. Eine dreiköpfige Kommission der Münchner Hofbibliothek sichtete die Bestände. Mehrere hundert Bände gelangten auf ihre Weisung hin jeweils an die Münchner Hofbibliothek, die Landshuter Universitätsbibliothek und die geplante Straubinger Provinzialbibliothek. Den Rest verwertete ein Papiermüller.

Allerdings blieb das Klosteranwesen nicht lange verwaist. Der Adelige Johann von Pronath-Offenberg erwarb 1830 den größten Teil davon, und König Ludwig I. von Bayern erlaubte die Neuansiedlung von Mönchen: Damit war Metten das erste wiedereröffnete Benediktinerkloster im Königreich. Von hier aus machten sich die Ordensbrüder auf, um in den Vereinigten Staaten die ersten benediktinischen Niederlassungen zu gründen.

Auch die Bibliothek erweckte der Orden wieder zum Leben. Von den ehemaligen Beständen kehrten jedoch nur etwa 300 Bände zurück. Der Rest der Regale wurde mit Bänden aus königlichen Bücherlagern befüllt. Dort gab es viele Bände aus schwäbischen

Klöstern wie der Reichsabtei Kempten, dem Prämonstratenserkloster Roggenburg, der Jesuitenklöster in Augsburg, Landsberg und Mindelheim sowie dem Augustinerkloster in Memmingen. Heute versammelt die Barockbibliothek 35.000 Bücher. Sie ist Teil der lebendigen Klosteranlage mit barocker Stiftskirche, beschaulichem Prälatengarten und prächtigem Festsaal, der Ort für Konzerte ist. Die 14 Mönche betätigen sich in den klostereigenen Betrieben als Buchbinder, Schlosser, Gärtner oder Schreiner. Aber auch als Lehrer des Sankt-Michaels-Gymnasiums im Kloster Metten, das derzeit rund 450 Schülerinnen und Schülern besuchen.

»Alt und Jung Metten« heißt die Zeitschrift, die sich an ehemalige Mettener Schüler und Freunde des Klosters richtet. Traditionelles und Neues verbinden möchte man in Metten auch mit der Bibliothek. Zur barocken gesellt sich seit 2009 eine moderne Bücherei im ehemaligen Internats-Speisesaal. Eingerichtet für Lehrer und Schüler steht die architektonisch sehenswerte Bibliothek ebenso der Öffentlichkeit zur Verfügung.

Ihre Eingangstür ist aufwendig mit Intarsien gestaltet – unter anderem dem Utto-Stab, der an den ersten Mettener Abt erinnert. Die griechische Inschrift auf der Türschwelle weist den Raum als *Psyches Iatreion*, als »Seelenapotheke«, aus. Durch den Eingangsbereich mit Wechselausstellungen gelangen Besucher in einen geräumigen Lesesaal. Hier sind 25.000 Werke aller Wissensgebiete in frei stehenden Regalen versammelt. Über sechs Regalblöcken verlaufen beschriftete Bänder aus buntem Glas – blau für die Donau, gelb für den Gäuboden, grün für den Bayerischen Wald. Die kunstvollen lateinischen, griechischen, hebräischen und deutschen Inschriften stammen aus der Bibel, der Enzyklika »Deus caritas est« von Papst Benedikt XVI. und der Benediktregel. Sie erinnern an die mittelalterliche Kalligraphie, wie sie die Mönche um 1400 im Skriptorium des Klosters Metten pflegten.

An den Lesesaal schließt sich ein mehrstöckiges Magazin an. Es beherbergt fast 250.000 Bände. Besondere Sammelgebiete bilden die Geschichte und Spiritualität der Orden, Benediktinisches, Bavarica und Geschichte. Rund 20.000 Bände stammen aus der Zeit vor 1800. Zu finden sind im Bestand der Bibliothek zudem mehr als 300 Autografen, 43 Handschriften und 82 Handschriftenfragmente, dazu rund 10.000 Musikhandschriften und -drucke. Bemerkenswert ist die Gregorianik-Sammlung, die der frühere Mettener Pater und Musikforscher Rupert Fischer in aller Welt zusammentrug. Aus Nachlässen von Mönchen, aufgelösten Pfarrhausbibliotheken, aber auch durch Spenden ehemaliger Schüler erhält die Bibliothek ständig Nachschub.

THEMENWANDERWEG
ADALBERT STIFTER
"Ich trinke das Wasser,
welches hier aus dem ungeheuren Granitlager,
aus dem der Böhmerwald besteht,
mit einer Klarheit und Durchsichtigkeit kömmt,
von der sich niemand
eine Vorstellung machen kann,
der es nicht gesehen hat"...
" meine ganze Seele hängt an der Gegend.
Wenn ich irgendwo völlig genese,
so ist es dort."
[Stifter: Aus den Briefen]

Dem sanften Gesetz auf der Spur

Adalbert-Stifter-Wanderweg bei Neureichenau

Im Wehen der Luft, im Rieseln des Wassers und im Wachsen des Getreides das Großartige entdecken und dabei dem sanften Gesetz auf die Spur kommen, das Natur und Menschen leitet: Das bewegte den Schriftsteller Adalbert Stifter (1805–1868). Langsamkeit und Entschleunigung bestimmen seine Erzählungen und Romane, darunter das umfangreiche, mehrbändige Werk *Nachsommer*. Er verzichtet in seinen Werken auf bewegte Handlung, überraschende Wendungen, Verwicklungen und Konflikte. Vielmehr darf der geduldige Leser die Seelenlandschaft des Menschen in detaillierten Beschreibungen der Natur und der Dinge wiederfinden.

Stifters Landschaft sind der Bayerische Wald und der Böhmerwald, wo der Sohn eines Garnhändlers aufwuchs und die er oft durchwanderte. Die Natur mit den Augen des Erzählers sehen sollen Wanderer auf den vier Adalbert-Stifter-Wegen im südöstlichen Bayerischen Wald. Immer wieder tauchen am Wegrand Tafeln mit Stifter-Zitaten wie diesem auf: »Meine ganze Seele hängt an der Gegend. Wenn ich irgendwo völlig genese, so ist es dort.« Das schrieb Stifter in einem Brief. Und in seinem Alterswerk, der Erzählung *Aus dem bairischen Walde* findet sich dieses Zitat: »Waldwoge steht hinter Waldwoge, bis eine die letzte ist und den Himmel schneidet. Großartig ist es, wenn Wolkenberge an dem Himmel lagern, und mit blauen Schattenflecken dieses Waldmeer unterbrechen.«

Die ausgeschilderten Wanderwege erstrecken sich über unterschiedliche Längen – vom 3,5-Kilometer-Spaziergang bis zur Tagestour. Sie sind zudem miteinander kombinierbar. Weitere Tafeln mit Werken von 15 zeitgenössischen Malern aus Deutschland, Österreich und Tschechien machen die Literaturwege obendrein zum Kunsterlebnis. Naturschönheit bieten sie ohnehin: »Und der Wald, wenn ihr in ihm herumgehen werdet, hat köstliche Dinge in sich« – so der Meister.

Einige der Höhepunkte sind der 929 Meter hohe Klausgupf mit seinen Felsschluchten und das Steinerne Meer, eine neun Hektar große Fläche aus Granitbrocken, die zur Eiszeit entstanden ist und wo sich Eidechsen und Schlangen sonnen. Charakteristisch ragen hier vom Borkenkäfer zerfressene Baumgerippe auf. An einem Aussichtspunkt über dem Plöckensteiner See finden Wanderer das 1877 eingeweihte Stifter-Denkmal. Der 13 Meter hohe Obelisk trägt die

Tafeln mit Zitaten und Werken zeitgenössischer Maler auf dem Stifter-Wanderweg

Inschrift: »A. Stifter, dem Dichter des *Hochwald*«. In den Sockel sind Stifter-Zitate gemeißelt: »Lieg in hohes Gras gestrecket, schaue sehnend nach der Felswand« und »Auf diesem Anger, an diesem Wasser ist der Herzschlag des Waldes.«

Mythisch aufgeladen ist eine weitere Anlaufstelle, der 1.333 Meter hohe Dreisesselberg. Er bildet

Moderne Skulptur Adalbert Stifters vor dem Rosenberger Gut

seit Jahrhunderten die Länderscheide zwischen Bayern, Böhmen und Österreich. Drei bizarr abgerundete Felsen erheben sich unweit des Gipfels in die Höhe, Dreisesselfels genannt: Wie turmhoch aufeinandergestapelte Kissen sehen diese Basaltformationen aus. Einst, so erzählt eine Sage, saßen hier drei Prinzen, die Könige werden wollten. Sie einigten sich darauf, Bayern, Böhmen und Österreich unter sich aufzuteilen. Da sie aber keine Kronen besaßen, kamen ihnen drei Prinzessinnen, die des Weges ritten, gerade recht: Die Frauen waren zwar hässlich, hatten aber Kronen, die sie den Prinzen geben wollten – gegen das Versprechen, sie zu heiraten. Kaum waren diese jedoch Könige geworden, wollten die jungen Männer nichts mehr von ihrem Versprechen wissen und verbannten die Prinzessinnen in den Plöckensteinsee. Dort sollen noch heute jedes Jahr am Dreikönigstag ihre klagenden Rufe zu hören sein.

Nahe dem Dreisesselgipfel bietet sich ein Berggasthof zur Einkehr an. Der nahe Dreisesselparkplatz ist einer der Ausgangspunkte für die Stifter-Wanderwege. Weitere Einstiegsmöglichkeiten sind die Orte Altreichenau, Neureichenau sowie das Rosenberger Gut. In Letzterem verbrachte der Schriftsteller einst mehrmals seinen Urlaub. Heute beherbergt der Gutshof in der Streusiedlung Lackenhäuser das Museum *Stifter und der Wald*. Original-Exponate wie beispielsweise Stifters Schreibsekretär, zahlreiche Erstausgaben, Schautafeln, Hörstationen und ein Kino stellen den Dichter des Böhmerwaldes in Werk und Wirken vor.

Für viele Besucher überraschend: Stifters eigenes, ungeordnetes Leben war der genaue Gegenentwurf zu seiner gefälligen Prosa, die ohne Brüche, Konflikte und Katastrophen auskommt. Der erste Schicksalsschlag traf den in Oberplan an der Moldau geborenen Jungen früh, als er seinen Vater verlor. Nach dem Besuch eines Stiftsgymnasiums der Benediktiner in Kremsmünster begann er ein Studium der Rechtswissenschaft in Wien. Dieses brach er jedoch ab und verdiente stattdessen sein Geld als Hauslehrer für Kinder reicher Familien. Lange bemühte er sich um eine Stelle als Beamter, ehe er von seinen literarischen Erfolgen leben konnte. Seine langjährige unerwiderte Liebe zu Fanny Greipl (1808–1839) endete damit, dass sie einen anderen heiratete. Die Ehe mit der Putzmacherin Amalie Mohaupt (1811–1883) blieb kinderlos – eine Nichte Amalias, die das Paar als Ziehtochter aufnahm, riss aus und wurde tot in der Donau gefunden. Unklar ist, ob sie Opfer eines Unfalls wurde oder sich das Leben nahm. Als Anhänger der revolutionären Bewegung war Stifter im Jahr 1848 gezwungen, Wien zu verlassen und nach Linz überzusiedeln. Dort klappte es schließlich mit der Ernennung zum Schulrat und Landeskonservator. Doch auch diese Stellungen musste er schließlich aufgeben, weil er schwer erkrankte. Der füllige Stifter aß und trank exzessiv. Er selbst berichtete einmal nebenbei, er habe sechs Forellen gegessen – als Vorspeise. Von einer Leberzirrhose heimgesucht, schnitt er sich als 63-Jähriger auf dem Krankenbett mit einem Rasiermesser die Halsschlagader auf. Weil er die gewünschte Stelle nicht gut genug traf, starb er erst zwei Tage später an den Folgen seiner Verletzung.

Ein eigener Raum im Museum *Stifter und der Wald* ist Lesungen und Vorträgen vorbehalten. Auch Stifters erfolgreiche Tätigkeit als Maler, die vielen unbekannt ist, wird in der Ausstellung in einer Bildschau den Besuchern nähergebracht. Von einem mehrere Tage anhaltenden Schneefall, den Stifter im Winter 1866 im Rosenberger Gut erlebte und der ihn in Panik geraten ließ, berichtet ein Film der Münchner Autorin und Regisseurin Petra Morsbach, der ausschließlich hier gezeigt wird.

ins Amerika

Born in Schiefweg

Emerenz-Meier-Haus in Waldkirchen-Schiefweg

»Der Dunner kracht, es blitzt und brennt, / Schlag, Herrgott, ein und mach an End! – / Aoh, meine Öchsl, aoh!«

Diese Worte ächzt ein junger Mann, dessen Liebste ihn wegen eines anderen verlassen hat. Nun ackert er bei Sturm und Gewitter. *Wödaschwüln*, »wetterschwül«, nannte Emerenz Meier dieses kraftvolle Gedicht. Wortgewaltig erfasste die Autorin zu Beginn des 20. Jahrhunderts Szenerien in ihrer Heimat, dem Bayerischen Wald. Sie gab den bettelarmen Mägden, Tagelöhnern, Inhäuslern (Dienstboten), Findelkindern und Schmugglern eine Stimme. Erst lange nach ihrem Tod wurde Emerenz Meier als eine der bedeutendsten bayerischen Volksdichterinnen gewürdigt. Wie so viele Bayerwäldler hoffte sie auf ein besseres Leben jenseits des Atlantiks und wanderte aus. Doch ihr Dasein blieb mühselig – auch in Nordamerika.

Im Dorf Schiefweg kam die Gastwirtstochter 1874 auf die Welt: »Wirts-Senz« nannte man sie. Der Name »Schiefweg« leitet sich von »Schiffweg« ab. Denn in diesem Ort machten einst Händler, die Salz im Passauer Hafen von ihren Kähnen geladen hatten, auf dem Landweg nach Böhmen Station. Im Jahr 1500, so verzeichnen Chroniken, waren hier pro Woche um die 400 Pferde untergestellt. Später übernahm das nahe Waldkirchen diese Funktion als Durchgangsort, und Schiefweg war längst ein vergessenes Nest, als die junge Emerenz Meier als Bedienung im Gasthaus und in der elterlichen Landwirtschaft half. Ihr Geburtshaus, das Emerenz-Meier-Haus, steht noch heute. In seinem Erdgeschoss befindet sich das *Wirtshaus zur Emerenz*, im ersten Stock ein Museum. Einer der acht Themenräume erzählt von der begabten Schülerin Emerenz, die mit zehn Jahren Werke von Friedrich Schiller und Dante Alighieri las und selbst Gedichte verfasste. Ihr Vater Josef Meier, den ein zeitgenössischer Zeitungsbericht als »kernige, aufrechte Waldlernatur« beschrieb, verwehrte sich gegen die »narrische Verslmacherei«. Als es der Tochter allerdings gelang, in der Passauer *Donau-Zeitung* Geschichten zu veröffentlichen, zollte er ihr Respekt. Er richtete ihr eine Schreibstube ein. Füllfederhalter, Tintenfass und Radiergummi daraus sind im Museum ausgestellt. In der Stube entstand ihr einziges Buch *Aus dem Bayrischen Wald* mit vier naturalistischen Bauernerzählungen, das 1897 erschien. Sie publizierte aber auch in der berühmten literarisch-satirischen Wochenzeitschrift Münchens, dem *Simplicissimus*. Wie beeindruckend

Die Eintrittskarten zum Museum sind Schiffsfahrkarten nachempfunden

ihr Gedicht *Wödaschwüln* noch heute wirkt, lässt sich im Museumsraum, der mit *Mühsal* überschrieben ist, erleben. Mit einem Griff an den ausgestellten Pflug starten Besucher eine Tonaufnahme der eindringlichen Verse.

Emerenz Meier trug gerne Tracht, sie liebte ihre Heimat über alles. Die Mächtigen, Großkopferten und Reichen waren ihr zuwider. *Auflehnung* heißt ein Themenraum, in dem auf Stacheln in der Wand aus ihren sozialkritischen Schriften zitiert ist: »Und in Fabriken schwitzt die Menschenbrut, Es saugt das Kapital ihr rotes Blut.« Mit markigen Worten zog die Dichterin gegen Kapitalismus und Kriegstreiberei zu Felde.

Im Dorf war sie unbeliebt. Eine Frau, die selbstbewusst ihre Meinung vertrat – das gehörte sich nicht. Mit dem Versuch, in Passau aus der Schifferkneipe *Zum Koppenjäger* ein Künstlerlokal zu machen, scheiterte sie. Am Passauer Donaukai erinnert heute eine Bronzebüste an die Dichterin im Dirndl. *Unruhe* heißt der Themenraum des Museums, in dem Wandtafeln jeden Lebensort Meiers aufzählen. Hunderte im Holzboden versenkte Nägel bilden Linien von einer Station zur nächsten. Freundschaften waren flüchtig, das Geld war knapp. Schließlich packte die junge Frau die Koffer. 1906 wanderte die 31-Jährige gemeinsam mit ihren Eltern nach Chicago aus.

Aus diesem Grund ist das 2010 eröffnete Emerenz-Meier-Haus auch ein Auswanderermuseum. Am Schicksal der Dichterin dokumentiert es auf Deutsch, Englisch und Tschechisch die große Emigrationswelle um 1900 aus dem Bayerischen Wald. Politische Unfreiheit, raues Klima, große Familien und bittere Armut – nur wer Besitz vorweisen konnte, durfte heiraten – waren Gründe für die Flucht. Eine ganze Wand bedeckt das Foto eines Ozeanriesen der Reederei *Norddeutscher Lloyd*. Durch ein Bullauge sehen Museumsbesucher Dias von Ellis Island – dem damaligen großen Auffanglager für Einwanderer vor New York. Dort wurden alle Ankömmlinge von Medizinern untersucht und auf der rechten Schulter mit Kreide gekennzeichnet: Ein E stand für Augenleiden, ein L für Lahmheit, ein X für Geisteskrankheit. Wer Pech hatte, den schickten die Ärzte zurück in die Heimat. Die anderen durften »Ins Amerika«, wie der Wegweiser auf einer Tür im Museum verheißt. Über einen Schiffssteg gelangen Besucher in den Raum, der Chicago verkörpert. Die Stadt am Michigansee war für Emerenz Meier wie für die meisten Auswanderer aus dem Bayerischen Wald das Ziel. Auf die Wände eines begehbaren Kubus aus Stahl und Glas projizierte Stummfilme zeigen Straßenszenen, Automobile, Paraden und Feuerwehrleute zu Pferd zwischen Wolkenkratzern. Dazu erklingt Jazzmusik. Dokumente und Bilder aus Meiers Chicagoer Zeit ergänzen die Szenerie.

In der dortigen deutschen Michaelskirche heiratete sie 1907 Franz Schmöller, einen Landsmann aus dem Bayerischen Wald, der seit einigen Jahren in den USA lebte. 1908 kam Sohn Joseph auf die Welt. Schmöller misshandelte seine Frau und trank. Er starb nur fünf Jahre nach der Hochzeit an Schwindsucht. Ihr zweiter Mann, der Schwede John Lindgren, starb ebenfalls nach wenigen Ehejahren. Emerenz Meier litt auch in Chicago unter Ausbeutung und dem Kapitalismus. Die Auswanderer aus Bayern seien alle Sozialisten, bemerkte sie einmal: außer ein paar Ausnahmen, die »katholisch und dummboshaft« geblieben seien. Die umtriebige Frau braute Bier in Zeiten der Prohibition – zum eigenen Bedarf und um Geld zu verdienen. Mit 53 Jahren starb sie schließlich an einem Nierenleiden.

Um Emerenz Meiers Gedächtnis in Schiefweg zu erhalten, gründete sich 1997 ein Förderverein. Er renovierte das baufällige Haus und machte es erst als Wirtschaft, dann auch als Museum zugänglich. Besucher der Ausstellung können sich anschließend im *Wirtshaus zur Emerenz* an Schweinebraten oder Forellen aus dem Bayerischen Wald erfreuen. Die 70 Plätze sind bei Lesungen, Konzerten und Kabarettveranstaltungen meist schnell ausverkauft. Zeitgenössische bayerische Künstler wie Kabarettist Sigi Zimmerschied und Musikerin Monika Drasch treten hier auf und halten das Erbe der mutigen Emerenz Meier wach.

VMENTA VT DISCERNAT ET NOSCAT VT PTOLEMA S ASTROLA

Einhorn-Horn und geköpfte Madonna

Staatliche Bibliothek Passau

Da hängt ein Krokodil an der Decke! Und auf dem Tisch streckt sich eine drei Meter große Riesenkrabbe aus! Besucher der Wunderkammer der Staatlichen Bibliothek zu Passau kommen aus dem Staunen nicht heraus. Genau so ist es auch gedacht. Wie ihre Vorbilder – die Kunst- und Wunderkammern der Renaissance, die beispielsweise der dänische Reichs-Archivar Ole Worm (1588–1654) in Kopenhagen, der Edelmann Ferdinando Cospi (1606–1686) in Bologna oder der Jesuitenpater Athanasius Kircher (1602–1680) in Rom besaßen – soll sie zum Verwundern und Nachdenken über die Welt und ihre Gesetze anregen.

»Es könnte sein, dass es im Passauer Jesuitenkolleg eine solche Wunderkammer gab«, sagt Bibliotheksleiter Markus Wennerhold mit Blick auf Hinweise in alten Dokumenten. Das 1612 gegründete Jesuitenkolleg ist die Keimzelle der Staatlichen Bibliothek, die sich in den Räumen des ordenseigenen Priesterseminars befindet. Das ausgestopfte Krokodil gehörte schon immer zum Inventar der Bibliothek. Woher es kommt, weiß niemand so genau. Wennerhold und sein Team sahen es als guten Grundstock für die Wunderkammer, die sie 2015 in den altehrwürdigen Räumen einrichteten.

Ein interessantes Sammelsurium haben sie da zusammengetragen: das Horn eines Einhorns – es besteht in Wirklichkeit aus Dentin und ist der Eckzahn eines Narwals –; versteinertes Holz; Kristalle, die die Natur perfekt würfelförmig wachsen ließ; farbenprächtige Schmetterlinge; dazwischen immer wieder Regale mit kunstvoll in Leder gebundenen Büchern. Mehrere Institutionen halfen mit Leihgaben bei der Einrichtung. Das Bayerische Nationalmuseum München steuerte unter anderem einen Erdglobus und einen Himmelsglobus mit je mehr als einem Meter Durchmesser sowie astronomische Instrumente und Bronzefiguren bei. Das Münchner *Museum Fünf Kontinente* – das ehemalige Völkerkundemuseum – sorgte für Exponate aus Ostasien, wo die Jesuiten missionarisch tätig waren. Unter den mehr als 50 historischen Objekten sind eine echte Ming-Vase, eine gelbe Vase aus dem Privatbesitz des Kaisers von China aus dem 17. Jahrhundert, ein Säbel, der dem ersten chinesischen Präsidenten gehörte, und eine Kopfstütze aus dem 18. Jahrhundert in Gestalt eines Knaben. Der Staatlichen Antikensammlung in der Landeshauptstadt hat die Wunderkammer römische Bronzen aus der Sammlung des Passauer Fürstbischofs Joseph

Die Wunderkammer der Staatlichen Bibliothek Passau

Ein liturgisches Werk im Rokokosaal der Staatlichen Bibliothek Passau

Maria Graf von Thun-Hohenstein (1713–1763) zu verdanken. Sogar vom Zoll erhielt die Bibliothek Exponate: beschlagnahmte Stücke wie einen Pavianschädel, ausgestopfte Exemplare von Brüllaffe, Schwertfisch oder Flugeidechse. Eine 300.000 Jahre alte Mördermuschel aus Kenia und ein Mammut-Backenzahn bereichern diese Frühform eines Museums genauso wie das Skelett eines Schweinswals, welches das *Institut für Terrestrische und Aquatische Wildtierforschung* in Büsum zur Verfügung gestellt hat. Manches, wie eine sogenannte *Pietra Paesina* – ein Stein, dessen natürliche Struktur einer Landschaft ähnelt –, hat Wennerhold selbst gekauft.

Als Leitsprüche können die lateinischen Zitate auf der Lichtleiste neben dem Krokodil gelten. Auf der einen Seite findet sich ein Motto des humanistischen Gelehrten und Theologen Nikolaus von Kues (1401–1464): »Die Seele schafft durch ihre Erfindung neue *Instrumente*, damit sie sondere und erkenne, so wie Ptolemäus das Astrolabium, Orpheus die Lyra.« Auf der anderen Seite ist ein Sinnspruch zu lesen, der auch in der Renaissance-Wunderkammer von Ferdinando Cospi in Bologna gestanden haben soll: Er ist ein Plädoyer dafür, die Mechanismen von Kunst und Natur zu erlernen und das Gedächtnis des Alten zu bewahren.

Hier, in den Räumlichkeiten der Michaeligasse, hatten die Jesuiten in den Jahren 1630 bis 1639 ihr Priesterseminar errichtet. Der Orden trat über Jahrhunderte hinweg als großer Förderer der Wissenschaft in Passau auf. An den Wissensdrang der Jesuiten erinnert der dem Gebäudekomplex angebaute Observatoriumsturm, von dem aus die Mönche den Gang der Gestirne beobachteten. Dass die Staatliche Bibliothek das Vermächtnis der bibliophilen Jesuiten weiterführte, macht sie zu einer der ältesten öffentlichen Büchersammlungen Deutschlands. Im 17. Jahrhundert wurde der wertvolle Bücherbestand bei zwei schweren Stadtbränden fast vernichtet – und anschließend wieder aufgebaut. 1773 ging die Bibliothek in den Besitz des Passauer Hochstifts über und nannte sich fortan »Fürstbischöfliche Akademische Bibliothek«. 1803 fiel sie mit der Säkularisation an Bayern.

Sie profitierte von der Aufhebung der Klöster und nahm Bestände des Augustinerchorherrenstifts Sankt Nikola vor Passau, der Benediktinerabtei Vornbach am Inn, des Prämonstratenserstiftes Sankt Salvator bei Griesbach im Rottal und des Zisterzienserklosters Aldersbach bei Vilshofen auf. Viele dieser Bücher stehen heute neben den Werken mit Einbänden des Fürstbischofs unter der Stuckdecke des Rokokosaals, der 1740 für die Bibliothek eingerichtet wurde. Die Regale sind im Originalzustand erhalten. Ein Teil der 151 in Passau aufbewahrten Handschriften und 328 Wiegendrucke findet sich hier. Bibeln, wie die illustrierte *Formbacher Bibel* auf Pergament von 1421, und Psalterien, liturgische Werke mit Psalmen, machen gemeinsam mit anderen frommen Schriften die Mehrzahl des alten Bestands aus. Wie wichtig die äußere Form der Bücher den Bibliothekaren mitunter war, zeigt ein religiöses Werk mit Kupferstichen: Dem Bildnis der Muttergottes wurde kurzerhand der Kopf abgeschnitten, damit die Bände im Regal die gleiche Höhe besaßen. Der frühere Speisesaal des Alumnats ist heute ein Ausstellungsraum mit besonderen Stücken in Vitrinen. Führungen durch diesen Schaubereich mit Wunderkammer bietet die Bibliothek auf Anfrage an.

Spektakulär ist der moderne Lesesaal, der früher einmal der Innenhof des Alumnats war. Seit der letzten Umgestaltung überspannt ein Faltdach aus Stahl und Glas die 19 Meter lange und elf Meter breite Halle mit ihren weißen Bogengängen auf zwei Stockwerken. Hier sind auch Bände aus dem Magazin einsehbar. Mehr als 340.000 Medien bewahrt die Staatliche Bibliothek Passau auf, die seit 1987 als Pflichtexemplarbibliothek alle niederbayerischen Neuerscheinungen sammelt.

Ein Besuch lohnt sich ebenso in der früheren fürstbischöflichen Hofbibliothek. Sie ist heute Teil des nahen Diözesanmuseums: Zwischen den hell gestalteten und mit wertvollen Bänden bestückten Bücherregalen beherbergt der weitläufige barocke Raum den Domschatz aus kostbaren Kultgegenständen, Kelchen und Monstranzen.

Literatur Café

Am Ort der Verschwörung

Literaturcafé im Röcklturm in Landshut

In Niederbayerns Hauptstadt ist Geschichte lebendig. Nicht nur während der Landshuter Hochzeit im Sommer, wenn die Stadt für drei Wochen ins Mittelalter reist, lohnt ein Gang durch die malerische Altstadt. Burg Trausnitz und der 130 Meter hohe Backsteinturm der Martinskirche erzählen von alten Zeiten. Ein anderer Turm wurde einst zum Schauplatz eines spektakulären und blutigen Kapitels der Stadthistorie: der Röcklturm, in dem sich heute das Literaturcafé befindet. Hier sollen sich um 1410 Verschwörer gegen Herzog Heinrich den Reichen getroffen haben – angeführt vom Ratsherrn Dietrich Röckl. Leider hatte dieser doppelt Pech mit seiner Frau. Sie war nicht nur untreu, sondern berichtete zudem ihrem Liebhaber, der zu Herzog Heinrichs Hofstaat gehörte, von den Zusammenkünften. Die Soldaten des Herzogs fielen in der Karfreitagsnacht über die Rebellen her.

Später nutzten Isarfischer den Turm, und noch bis Ende der 70er-Jahre konnten die Landshuter hier Fische aus Bottichen kaufen. Schließlich erwarb die Stadt den Röcklturm und sanierte ihn 1990. Seither wird er von der Städtischen Galerie für Ausstellungen genutzt. Auf drei Stockwerken sind von Mai bis Ende Oktober Werke von Malern, Bildhauern, Fotografen und Buchillustratoren zu sehen. Das Literaturcafé kam 2004 im Erdgeschoss hinzu. Pächter Christian Kurtenbach bietet seinen Gästen nicht nur Brotzeiten und hausgemachte Suppen, es liegen auch Bücher und Tageszeitungen bereit. Regelmäßig stellen Landshuter Autoren bei ihm ihre Neuerscheinungen vor. Bei Speed-Lesungen präsentieren Schriftsteller gleichzeitig auf allen vier Stockwerken ihre Krimis, Romane oder Gedichte.

Der Röcklturm ist außerdem Veranstaltungsort der Landshuter Literaturtage, die seit 1996 stattfinden, zuletzt in zweijährigem Rhythmus. Dabei stehen Autoren und Themen mit Landshut-Bezug im Vordergrund. Mal sind es Heimatkrimis aus Ostbayern, mal Autorinnen und Autoren wie Lena Christ (1881–1920), die zwei Jahre in Landshut lebte, oder der niederbayerische Dramatiker und Schauspieler Martin Sperr (1944–2002). Christian Kurtenbach, im Hauptberuf Chefmaskenbildner am Landestheater Niederbayern, hat vor dem Café eine Strandbar mit Liegestühlen eingerichtet. »Die ist einzigartig in Niederbayern«, sagt er.

35 *Von Helden, Damen, Drachen und Mördern*

Burg Prunn in Riedenburg

»Uns ist in alten mæren wunders vil geseit / von helden lobebæren, von grôzer arebeit …«

Der Anfang des Nibelungenlieds klingt besonders ergreifend, wenn er gesungen aus dem Lautsprecher ertönt – in den ehrwürdigen Gemäuern der Burg Prunn hoch über dem Altmühltal, mit Blick auf die Ruinen Rabenstein, Taubenstein und Rosenberg.

Wie ein Adlerhorst sitzt die trutzige Festung auf einem steilen Kalkfelsen. Wer sie betritt, gelangt über eine Holzbrücke und durch den mächtigen Portalbau in den Innenhof mit Ziehbrunnen. Dass auch ihr Innenleben mit Trinkstube, Gerichtszimmer, Küche, Kerker und Schlosskapelle im Originalzustand von mittelalterlichen Zeiten kündet, ist Bayerns König Ludwig I. zu verdanken. Der Geschichtsbegeisterte verfügte 1827, den Verfall des malerischen Gemäuers aufzuhalten. Berühmt ist die Burg durch den Prunner Codex – eine Handschrift des Nibelungenliedes, die im Jahr 1576 hier entdeckt wurde.

Das Museum in der um 1200 erbauten Burg widmet sich ganz dem Heldenepos. Zu Beginn des 13. Jahrhunderts hatte ein unbekannter Autor die Sage um den Drachentöter Siegfried, die unbeschreiblich starke Brünhild, die Tarnkappe und die blutige Rache der Kriemhild erstmals niedergeschrieben. Vorher, so vermuten Literaturforscher, hatten fahrende Sänger die Geschichten mündlich weitergetragen.

Als »Buoch Chreimhildens« ist der Prunner Codex betitelt. Das mittelhochdeutsche Schriftstück stammt von 1330 und ist eine der ältesten und schönsten Handschriften des Nibelungenliedes. Die opulenten, pflanzenverzierten Anfangsbuchstaben der Absätze machen den Prunner Codex, auch »Handschrift D« genannt, zu etwas Außergewöhnlichem. Er könnte ursprünglich aus dem Besitz der Fraunberger stammen, dem Adelsgeschlecht, das ab dem 14. Jahrhundert über Burg Prunn herrschte. Nach dem Tod des letzten Fraunberger Grafen 1567 ging die Burg an Herzog Albrecht V. von Bayern. Sein Hofrat Wiguläus Hund fand in dem Gemäuer das kostbare Manuskript auf Kalbshaut.

Heute bewahrt es die Bayerische Staatsbibliothek in München auf, deren Vorgängerin, die Hofbibliothek, Herzog Albrecht 1558 selbst gegründet hatte. Auf Burg Prunn können Interessierte nicht nur kunstvolle Nachschriften einzelner Seiten sowie Fragmente des Prunner Codex und anderer Nibelungen-Handschriften in Augenschein nehmen,

Der Beginn des Nibelungenliedes: eine Nachschrift des Prunner Codex

sondern bei einem Rundgang auch in die Welt der Nibelungen eintauchen.

Ein historischer Überblick führt auf, welche älteren Stoffe Einfluss auf das Nibelungenlied hatten: etwa die Sagen um den Hunnenkönig Attila und den Ostgoten Theoderich den Großen. Aber auch später aufgeschriebene Heldenepen wie die Edda und die Völsungasaga, die möglicherweise auf die Nibelungensage aufbauen, sind dargestellt. Unter dem Titel *Autopsie der Handschrift* geht die Ausstellung einem Rätsel nach: Wie kam die Handschrift in den Besitz der Fraunberger? Gehörte sie den Herren von Laaber, die vorher über die Burg Prunn herrschten? Immerhin entstammte diesem Geschlecht der Minnesänger Hadamar III. (um 1300–1360), der die Festung besucht haben könnte. Auf eine andere Möglichkeit deutet eine handschriftliche Notiz des Christoph von Gumppenberg (gestorben 1516) hin, die Historiker auf den Seiten des Codex entdeckt haben, in welcher der notorisch verschuldete Adelige seinen Vetter um Geld bittet. Haben also womöglich die Gumppenberger die Handschrift an die Laaber verscherbelt? Dazu würde passen, dass die Familie von Gumppenberg aus Böhmen stammte, wo der Codex entstanden sein soll.

Lebensgroße Figuren verschiedener Minnesänger bevölkern das Rokokozimmer von Burg Prunn: Berthold von Hohenburg, Burkart von Hohenfels, Walther von der Vogelweide, Burggraf von Riedenburg und Tannhäuser sind hier entsprechend der Abbildungen in der Liederhandschrift *Codex Manesse* dargestellt. Der Klang einer Fidel – ein Nachbau des Instruments ist ausgestellt – begleitete sie, wenn sie von tapferen Recken und holden Frauen kündeten.

Ein eigener Raum stellt dar, wie das Epos später weitergetragen wurde: von den Dichtern und Malern der Romantik, von Richard Wagner und seinen Opern, mithilfe von Kinofilmen wie Fritz Langs Zweiteiler *Die Nibelungen* von 1924, aber auch durch die Nationalsozialisten, die es für ihren deutschen Heldenkult missbrauchten.

Ein Gang durch die Burggemächer gleicht einem Streifzug durch das Nibelungenlied. Anhand der historischen Ausstattung wird die Sage nacherzählt und dabei höfische Bräuche und Lebenswirklichkeiten erklärt. Zum Beispiel in der gotischen Stube, wo Texte in den Fensternischen die Rolle der Frau im Mittelalter behandeln: Frauen sitzen am Fenster und beobachten von dort aus die Helden – ein wiederkehrendes Motiv im Nibelungenlied. Oder das Thema Jagd: Im ehemaligen Gerichtszimmer präsentiert ein ausgestopfter Braunbär seine mächtigen Tatzen. Daneben kauert ein Dachs. Gleich zu Anfang des Nibelungenepos träumt die Wormser Königstochter Kriemhild von einem Jagdfalken, den sie abrichtet, der aber von zwei Adlern zerrissen wird. Später wird ihr Gatte Siegfried hinterrücks bei der Bärenjagd ermordet.

Das mittelalterliche Feudalsystem und die höfische Rangordnung werden im Schwurzimmer der Burg thematisiert – mit einer Szene, in der Siegfried Kriemhilds Bruder Gunther den Steigbügel hält: Damit erklärt er sich vor aller Augen zu dessen Diener. Festtags- und Alltagskleidung, Rüstungen, Recht, ritterliche Tugenden, Turniere – all das bringen Auszüge aus dem Nibelungenlied den Burgbesuchern näher. Eine Schautafel erzählt vom Zug der Burgunder durch den Donauraum. Kriemhild gibt, lange nach dem Tod ihres Mannes Siegfried, dem Werben des Hunnenkönigs Etzel nach und heiratet ihn. So reist die Königin mit großem Gefolge zu Etzels Hof und passiert dabei Orte wie Pförring, Melk und Wien. Ein Text beschreibt Kriemhilds Einzug in Passau und ihre Begegnung mit ihrem Onkel Pilgrim (920-991), dem dortigen Bischof. In der ehemaligen Burgküche mit ihrem offenen Kamin, die stilecht mit Töpfen, Schüsseln und Pfannen ausgestattet ist, ist vom großen Festmahl der Nibelungen am Hofe des Hunnenkönigs Etzel in Esztergom die Rede. Das Epos berichtet, wie Etzel seine Gäste königlich empfängt, im Überfluss Speisen und Getränke auftischt. Doch das Festmahl ist der Auftakt zu einem Blutbad. Kriemhild nimmt Rache an ihren Brüdern und jenen, die ihr den Gatten Siegfried genommen haben: Am Ende sind fast alle Hauptpersonen tot. Mehrere Nibelungen-Handschriften enden deshalb mit den Worten: *daz ist der Nibelunge not* – »das ist der Untergang der Nibelungen«.

Nürnberg und der Norden

Museum Industriekultur in Nürnberg

Stein der Weisen und Struwwelpeter

Germanisches Nationalmuseum in Nürnberg

Das Germanische Nationalmuseum in Nürnberg ist nicht nur die größte Schau für Kunst, Kultur und Geschichte des deutschen Sprachraums. Es ist zudem eine Bücherschatzkammer. Schon der Museumsgründer Hans Freiherr von und zu Aufseß stellte zur Eröffnung 1853 neben zahllosen Kunst- und Alltagsgegenständen 7.000 Bücher zur Verfügung. Heute birgt das Museum etwa 1,3 Millionen Objekte. In den Gebäuden rund um das frühere Kartäuserkloster sind auf 25.000 Quadratmetern mehr als 30.000 Exponate versammelt: Vom Steinzeit-Faustkeil über den ältesten erhaltenen Globus der Welt und die Venus des Malers Lucas Cranach bis hin zu einer Einbauküche von 1928 zeigt das Museum bedeutende Zeugnisse der Kulturgeschichte. Zu sehen sind Musikinstrumente, Puppenhäuser, Waffen und vieles mehr.

Bibliophile finden im Museum einen langobardischen Buchkasten aus dem 9. Jahrhundert, in dem Schriftstücke aufbewahrt wurden, das Fragment einer lateinischen Handschrift des Lukasevangeliums von 780 aus dem Kloster Mondsee und ein Beutelbuch von 1471, das am Gürtel getragen wurde. Ein Höhepunkt ist der *Codex Aureus*, das illustrierte Goldene Evangelienbuch von Echternach, entstanden um 1030 in der dortigen Benediktinerabtei. Prachtvoll ist nicht nur sein Inhalt – der lateinische Evangelientext in goldener Schrift auf Pergament –, sondern auch der Einband. Er ist goldbeschlagen und mit einem Kruzifix aus Elfenbein, Perlen und Email-Tafeln geschmückt.

Immer wieder sind Buchschätze des Germanischen Nationalmuseums in Ausstellungen zu bewundern. Die Museumsbibliothek mit Lesesaal und Archiv besitzt mehr als 650.000 Bände, davon 3.380 Handschriften, etwa 1.000 Inkunabeln sowie 3.000 Drucke des 16. Jahrhunderts. Sie ist die größte Spezialbücherei zur Kulturgeschichte des deutschen Sprachraums. Hier findet sich die alchemistische Handschrift *Splendor Solis* aus dem 16. Jahrhundert, die sich dem Stein der Weisen widmet, ebenso wie Albrecht Dürers *Vier Bücher von menschlicher Proportion* von 1528, Handschriften des Nürnberger Schusters und Meistersingers Hans Sachs und passend dazu Richard Wagners Originalpartitur der Oper *Die Meistersinger von Nürnberg* von 1867. Auch das Ur-Manuskript von Heinrich Hoffmanns *Struwwelpeter* von 1844 bewahrt die Bibliothek auf.

Imperator Caesar Diuus Maximilianus
Pius Felix Augustus

Das Renaissance-Genie

Albrecht-Dürer-Haus in Nürnberg

Maler, Grafiker, Kunsttheoretiker – der Nürnberger Albrecht Dürer (1471–1528) war Deutschlands großes Genie der Renaissance. Das Museum in seinem Wohnhaus unterhalb der Kaiserburg stellt den Künstler vor, der einer ganzen Epoche den Namen gab: der Dürerzeit.

Dass zu den prominentesten Einrichtungsgegenständen des Albrecht-Dürer-Hauses eine Druckerpresse gehört, kommt nicht von ungefähr. Dürers Aufstieg vom Sohn eines ungarischen Einwanderers zum großen Erneuerer der Kunst nördlich der Alpen ist untrennbar mit Druck und Buch verbunden. Nach einer Goldschmiedelehre bei seinem Vater und einer Ausbildung in der Werkstatt des Nürnberger Malers und Holzschneiders Michael Wolgemut ging Dürer auf Gesellenwanderung am Rhein. In Basel schuf der 22-Jährige dann die Holzschnitte zu Sebastian Brants satirischer Dichtung *Das Narrenschiff*.

Ein Buch mit 15 großformatigen Holzschnitten, das er selbst druckte und verlegte, machte Dürer 1498 in ganz Europa bekannt: die *Apokalypse*. Mit dramatischen Szenen beschwor der Illustrator den Weltuntergang herauf. Bahnbrechend, wie Dürer die bisher eher grobschlächtige Darstellungsform des Holzschnittes einsetzte. Filigrane Linien vermitteln Bewegung, verleihen Personen und Landschaften plastische Tiefe. Prägend für Dürers Stil war unter anderem eine Italienreise, die er 1494 unternommen hatte.

Der produktive Künstler stellte zeitlebens 100 Gemälde, 250 Druckgrafiken, 1.000 Zeichnungen und drei Lehrbücher fertig, unter anderem zur Kunst des Zeichnens und zur Proportionenlehre. Er erwies sich als zielstrebig, selbstbewusst und geschäftstüchtig, fertigte Porträts von Adeligen, Patriziern, Kaufleuten, Altarbilder sowie viel beachtete Selbstbildnisse. Im mächtigen Stadtstaat Nürnberg fehlte es nicht an potenten Auftraggebern. Zudem war der politische Mittelpunkt des Reichs eine Metropole der *Schwarzen Kunst*, des Drucks, und des Verlagswesens. Eine interaktive Grafik im Dürer-Haus zeigt »Dürers Nachbarn« im Schatten der Kaiserburg: Sein Taufpate Anton Koberger betrieb die größte und modernste Buchdruckerei Europas mit mehr als 100 Mitarbeitern. Hartmann Schedel, Arzt und Bibliophiler, ließ seine umfassende Weltchronik bei Koberger drucken

Druckerpresse im Albrecht-Dürer-Haus

und in der Werkstatt von Dürers Lehrmeister Wolgemut illustrieren. Der Humanist und Sprachwissenschaftler Willibald Pirckheimer war Dürers lebenslanger Freund.

Bestens vernetzt, nutzte der Meister seine Kontakte und die technischen Möglichkeiten. Er veröffentlichte erfolgreiche weitere Bücher wie das *Marienleben* und die beiden *Passionen*. Gleichzeitig löste Dürer die Grafik aus der Buchillustration heraus und machte sie zu einer selbstständigen Gattung. So entstand der berühmte Holzschnitt *Rhinocerus* von 1515 als eigenständiges Werk und nicht als Teil eines Buches. Gleiches gilt für Dürers herausragende Kupferstiche, darunter *Ritter, Tod und Teufel*, *Melencolia I* und *Der heilige Hieronymus im Gehäus*, die als Meisterstiche bekannt sind. Seine Grafiken ließ er als Einzelblätter von Agenten vertreiben.

Das große A als Dach mit dem D darunter: Die berühmte Signatur eroberte ganz Europa. Dass Dürers Kunstwerke noch nach Jahrhunderten die D-Mark-Scheine zierten und seine *Betenden Hände* heute nicht nur zahlreiche Wohnzimmerwände schmücken, sondern eines der weltweit beliebtesten Tattoo-Motive sind – Dürer hätte daran seine Freude gehabt.

Wie der Kupferstichkünstler zu Werke ging, demonstrieren Fachleute im Dürer-Haus. In einer kleinen Werkstatt lassen sie mit dem Grabstichel Linie für Linie ein Dürer-Motiv auf einer polierten Kupferplatte entstehen, färben die Platte ein und ziehen sie ab. Unter Anleitung können Besucher sich selbst als Kupferstecher versuchen. An der Hochdruckpresse, die das Museum 1971 zum 500. Geburtstag des Künstlers nach dessen Zeich-

Das Albrecht-Dürer-Haus

nung bauen ließ, entstehen mehrmals täglich Nachdrucke seiner Werke. Auch die Herstellung von Farben führen die Mitarbeiter des Museums vor. Das Graphische Kabinett im Obergeschoss des Dürer-Hauses zeigt wechselnde Ausstellungen aus dem Fundus der Museen der Stadt Nürnberg. Diese besitzen Dürers gesamtes druckgrafisches Werk. Anders verhält es sich mit dessen Gemälden. Sie wurden schon bald in den Museen Deutschlands und der ganzen Welt verstreut. So findet sich Dürers letztes großes Werk, das zweiteilige Tafelbild *Die vier Apostel*, in der Münchner Alten Pinakothek. Herausragende Dürer-Bestände sind auch in Wiener Museen zu finden. Allerdings sammelt die Stadt Nürnberg seit dem 17. Jahrhundert hochwertige Kopien von Dürers Gemälden, denen im ersten Stock des Dürer-Hauses ein eigener Saal gewidmet ist. *Der digitale Dürer* heißt eine Bildschirmpräsentation im Erdgeschoss, die für jedes der 43 Schaffensjahre des Künstlers eine seiner Handzeichnungen, einen seiner Kupferstiche oder Holzschnitte oder eines seiner Tafelgemälde zeigt. Einige Teile des Hauses, etwa die historische Küche mit der Herdstelle, sind erhalten wie zu Dürers Zeiten. Als der Maler das Anwesen am Tiergärtnertorplatz im Jahr 1509 kaufte, gehörte er bereits zu den 100 reichsten Nürnbergern. Sein Auftraggeber Kaiser Maximilian I. hatte ihn mit einer jährlichen Pension ausgestattet. Der Fachwerkbau aus dem 15. Jahrhundert, in dem der Künstler fast 20 Jahre bis zu seinem Tod wohnte, ist das einzige Künstlerhaus der Renaissance außerhalb Italiens. Bereits 1828 machten die Nürnberger das Dürer-Haus als weltweit erste Künstler-Gedenkstätte zugänglich. Das Gebäude ist zudem eines der wenigen Nürnberger Bürgerhäuser, die den Zweiten Weltkrieg unzerstört überstanden haben.

Gewandet als Dürers Gattin Agnes führt eine Schauspielerin Besucher durch das Haus. Dürer hatte die Patriziertochter 1494 geheiratet. Die Ehe blieb kinderlos. Ob Dürer eher dem eigenen Geschlecht zugetan war, darüber wird immer wieder spekuliert.

Wer zum Hauptmarkt schlendert, vorbei am Albrecht-Dürer-Platz mit einer Statue des Malers von 1840, gelangt zur ältesten Buchhandlung Deutschlands: Korn & Berg geht auf das Jahr 1531 zurück. Hier ist nicht nur Lesestoff zu Dürer und anderen Nürnberg-Themen zu finden. Zwei Dürer-Gemälde – ein Selbstporträt, dessen Original im Louvre hängt, sowie die Christus-Darstellung *Salvator Mundi*, im Original zu finden im New Yorker Metropolitan Museum of Art – zieren in XXL-Version die Decke.

Johann Petreius
1543 De revolutionibus orbium coelestium von Nicolaus Kopernicus
16. Jht.
17. Jht.
Die Druckerdynastie Endter
1612-1740 Druck und Verlag von Bibeln, Schul- und Lehrbüchern, Kalendern etc.
Johann Felsecker
18. Jht.
Joh. Baptist Homann
19. Jht.
ORIGINAL HEIDELBERG
Schwarze
Weisse
KUNST
DRUCK und PAPIER:
KUNST
in Nürnberg

Wie Nürnberg Druck machte

Museum Industriekultur in Nürnberg

Industriegeschichte hautnah gibt es im Nürnberger Norden zu erleben. Das Museum Industriekultur in einer ehemaligen Schraubenfabrik aus den 1920er-Jahren zeigt, wie Maschinen und Apparate ab dem 19. Jahrhundert das Frankenland eroberten. Auf fast 6.000 Quadratmetern können große und kleine Besucher eine riesige Motorradsammlung bestaunen, einer sprechenden Küche lauschen oder in einem Klassenzimmer aus der Zeit um 1900 die enge Schulbank drücken. Präsentiert werden jede Menge Oldtimer wie das *Ford Model T Tin Lizzy* oder der *Grüne Elefant* vom Nürnberger Motorradhersteller Zündapp, nostalgische Fahrräder mit gigantischen Vorderrädern, eine der weltgrößten Dampfmaschinen – sie stammt aus dem Jahr 1907 und treibt ein Schwungrad mit fünf Metern Durchmesser an – sowie Röhrenfernseher und Computer von anno dazumal. In der historischen Werkstatt sehen Besucher einem Bleistiftmacher über die Schulter und können die entstandenen Stifte anschließend kaufen.

Das Erdgeschoss beherbergt ein Schulmuseum, in dem Geschriebenes und Gedrucktes der besonderen Art gezeigt wird: Ein Spickzettel von 1944; Lesefibeln der NS-Zeit, mit denen Kindern der Schlachtruf »Sieg Heil« eingebläut wurde; ein Schmierblatt, auf dem steht »Mahematik ist schrecklich! Pfui!«; eine detailreiche Schautafel über die Biene; Stundenpläne in Schönschrift und das Protokoll über eine hitzige Debatte des Nürnberger Volksschulvereins von 1821.

Auch eine Etage tiefer werden Bücherfreunde fündig. Hier ist eine betriebsbereite Bleisatz-Druckerei im Stil der 1930er-Jahre aufgebaut. Eine über verschiedenen historischen Druckgeräten und Setzmaschinen angebrachte Zeitleiste beweist: Nürnberg und Buch – das gehört zusammen. Schon im Jahr 1390 eröffnete Ulman Stromer an der Pegnitz die Hadermühle, in der er aus Lumpen Papier herstellte. Es war der erste Betrieb seiner Art nördlich der Alpen. Nonnen der Nürnberger Frauenklöster versahen das Papier anschließend mit filigranen Buchmalereien. Das Museum Industriekultur zeigt eine im Katharinenkloster entstandene Illustration aus der Mitte des 15. Jahrhunderts. Kurz nach der Erfindung des Buchdrucks wurde die weltoffene Handelsstadt Nürnberg neben Köln, Augsburg, Paris, Venedig und Rom ein europäisches Zentrum der *Schwarzen Kunst*. Von Vorteil war dabei, dass hier nicht nur das Metallgewerbe florierte, sondern auch wohl-

Blick in die Bleisatzdruckerei

habende Bürger als Auftraggeber für Druckwerke in der Gegend lebten.

Die Zeitleiste zählt die großen Namen auf, die in der fränkischen Metropole Druck- und Buchgeschichte geschrieben haben. 1470 ließ sich mit Johannes Sensenschmidt der erste Buchdrucker in der Stadt nieder. Der Astronom, Mathematiker und Verleger Regiomontanus eröffnete 1471 eine eigene Druckwerkstatt. Albrecht Dürers Taufpate Anton Koberger veröffentlichte 1484 Deutschlands erstes gedrucktes Stadtrecht. Die von ihm hergestellte *Schedelsche Weltchronik* von 1493 gilt als umfangreichster und bedeutendster bebilderter Wiegendruck. Die Druckerdynastie Endter vertrieb im 17. und 18. Jahrhundert erfolgreich Bibeln, Schulbücher und Kalender. Johann Felsecker verlegte 1669 Grimmelshausens Schelmenroman *Der abenteuerliche Simplicissimus,* Kupferstecher und Verleger Johann Baptist Homann wurde mit Landkarten berühmt. Friedrich Campe brachte 1813 Friedrich Hegels *Wissenschaft der Logik* heraus, während der Stuttgarter Philosoph als Gymnasiallehrer in Nürnberg wirkte. Die Nürnberger Drucktradition setzte sich bis in die heutigen Tage fort. In der Stadt entstanden und entstehen Quelle-Kataloge, Prospekte für Fleischmann-Eisenbahnen und das Sportmagazin Kicker.

Wie seit Gutenbergs Zeit gedruckt wurde, zeigt die historische Druckwerkstatt des Museums. In vier großen Regalreihen liegen Hunderte Buchstaben – als wären sie zunächst aus Büchern und Zeitungen herausgepurzelt und anschließend säuberlich einsortiert worden. Sie sind geordnet nach Schrifttypen wie Fraktur, Antiqua und Grotesk. Die kleinsten Lettern sind sechs Punkt hoch, die größten messen eine Konkordanz. Übersetzt aus der Sprache der Drucker und Setzer heißt das: Ihre Größe bewegt sich zwischen knapp 2,12 und fast 17 Millimetern.

Fachleute demonstrieren bei Führungen im Museum Industriekultur, wie diese Lettern mit Stegen und Regletten voneinander getrennt auf Setzschiffen angeordnet, mit Kolumnenschnüren ausgebunden und schließlich in Stahlrahmen fixiert wurden. Diese Feinarbeit verlangte eine Menge Übung und Fingerspitzengefühl. Schließlich durfte kein Zwiebelfisch – ein Buchstabe in der falschen Schrift – in die Druckvorlage gelangen.

Im Museum stehen außerdem die Geräte, mit denen die Texte und Bilder von den Vorlagen auf das Papier übertragen wurden. Die meisten von ihnen sind immer noch einsatzbereit, zum Beispiel die einfache Kniehebelpresse, die ihren Namen trägt, weil die Apparatur dem menschlichen Knie ähnelt. Aber auch die vollautomatische Heidelberger Tiegeldruckpresse, bei der die Vorlage mit 40 Tonnen Druck auf das Papier gepresst wird. Neben weiteren Tiegeldruckmaschinen sind zwei Andruckpressen zu sehen, bei denen das Papier nicht auf einer Fläche liegt, sondern über einen Zylinder läuft. Geduldig erklären die Experten das Prinzip der schnellen Stoppzylinderpresse: Das Papier wird per Greifarm weiterbefördert, ehe der Druckzylinder in seine Ausgangsposition zurückspringt.

Weil schon im 19. Jahrhundert solche immer schnelleren Druckmaschinen aufkamen, konnten die Setzer bald nicht mehr mithalten. Sechs Setzer hätte es benötigt, um einen einzigen Maschinendrucker mit Material zu versorgen. Der aus Württemberg in die USA ausgewanderte Erfinder Ottmar Mergenthaler (1854–1899) behob das Problem 1886 mit seiner Linotype: Die Setzmaschine warf im Rekordtempo ganze Letternzeilen aus, die der Setzer zuvor bequem eingetippt hatte. Der Maschinensatz hatte den Handsatz abgelöst.

Eine funktionsfähige Linotype gibt es in der Druckwerkstatt. Ebenso ihre Weiterentwicklung, die Monotype, die mit Lochstreifen arbeitet. Heute haben Computersatz, Offset- und Digitaldruck den traditionellen Buchdruck längst verdrängt. Dennoch beordert ein Nürnberger Zeitungsverlag seine Auszubildenden regelmäßig ins Museum Industriekultur. Die angehenden Mediengestalter und Drucker verbringen hier ihre erste Lehrwoche, um die historischen Grundlagen des Handwerks an den altehrwürdigen Geräten kennenzulernen.

IRRHAIN
1676
1644
1894

Der Dichter mit dem Trichter

Irrhain des Pegnesischen Blumenordens in Nürnberg

Wer träumt nicht vom Nürnberger Trichter? Wissen einfach von oben in den Kopf schütten und mühelos schlau werden. Auf den Trichter kam Georg Philipp Harsdörffer. Der Nürnberger verfasste 1648 das Buch *Poetischer Trichter. Die Teutsche Dicht- und Reimkunst ohne Behuf der lateinischen Sprache in VI Stunden einzugießen*. Er wollte damit Nicht-Akademikern Berührungsängste vor der Poesie nehmen.

Harsdörffer schrieb nicht nur über Sprache und Dichtung, sondern gründete mit Gleichgesinnten auch den Bund vom *Gekrönten Blumenorden von der Pegnitz* – den *Pegnesischen Blumenorden*. Was 1644 mit einem Wettstreit unter Poeten über das schönste Hochzeitsgedicht begann, ist mittlerweile die älteste bis heute bestehende Sprach- und Literaturgesellschaft Deutschlands. Noch immer bildet die Liebe zur deutschen Sprache das verbindende Element unter ihren Mitgliedern. Persönlichkeiten wie die Dichterin Maria Catharina Stockfleth (1634–1692), Theologe Christian Conrad Nopitsch (1759–1838) und Bleistiftfabrikant Lothar von Faber (1817–1896) waren Pegnesen.

Lustwandelten die Gründer des Blumenordens noch in den Pegnitzauen, so ist seit 1676 der Irrhain bei Nürnberg-Kraftshof das Refugium der Pegnesen. Ein Irrgarten sei das perfekte Abbild der verworrenen und undurchdringbaren Welt, fanden die Dichter. Hierher zogen sie sich zum Meditieren zurück.

Die Inschrift *Irret nicht* prangt heute über dem Eingang – ist aber eigentlich nicht nötig. In dem frei zugänglichen, lichten Wäldchen werden sich Besucher kaum verirren. Der Nürnberger Autor Fitzgerald Kusz, dessen Drama *Schweig, Bub* zu den Klassikern des Mundarttheaters zählt, empfiehlt in seinem Gedicht *Irrhain*, den Ort zu jeder Jahreszeit zu besuchen. Im Sommer sei der Himmel beispielsweise grün »vuä laudä bläddä«. Das naturbelassene Refugium ist auch ein Paradies für Tiere wie Mittelspecht und Eremitenkäfer.

Spaziergänger streifen zwischen Gedenksteinen umher, die an Ordensmitglieder und große Dichter erinnern. Am ersten Julisonntag feiern die Pegnesen hier traditionell ihr Irrhainfest mit Theateraufführung, Umzug, Umtrunk und Lesungen. Literaturabende und Vorträge veranstaltet der Blumenorden zudem ganzjährig in anderen Lokalitäten Nürnbergs.

SCHOYSIANE
CASTIS
HERZELOIDE
GALOES
MAHAUTE
GURZGRI
LASCOYT
REPANSE DE SCHOYE
FEIREFIZ

Kammern voller Fragezeichen

Museum Wolfram von Eschenbach in Wolframs-Eschenbach

Kann man Literatur ausstellen? Um diese Frage dreht sich alles im Museum Wolfram von Eschenbach. Die Schau im alten Rathaus, einem Fachwerkbau neben dem Liebfrauenmünster von Wolframs-Eschenbach, widmet sich dem Verfasser der Versromane *Parzival* und *Willehalm* und des Epenfragments *Titurel*, von dem acht Minnelieder erhalten sind. Das Schwierige an diesem Unterfangen: Vom Leben des Dichters zeugt kein einziges historisches Dokument.

Deshalb stecken die zehn modern gestalteten Museumsräume voll Fragen. Jeder von ihnen versucht auf seine eigene Weise, Antworten zu finden. Erste Anhaltspunkte vermittelt im Eingangsraum eine Pinnwand mit informativen Zetteln. Wann lebte Wolfram? Wurde er vor 1180 geboren und starb nach 1220, wie allgemein angenommen? Nahm er an einem Kreuzzug teil? Auch allgemeinere Fragen zu jener Zeit sind hier thematisiert: Was ist Mittelhochdeutsch? Wie viel wog eine Rüstung? Was ist Minne? Wie waren Burgen ausgestattet? Welchen Regeln folgte ein Turnier?

Wo und wie Wolfram lebte, versucht eine verdunkelte Kammer zu ergründen. Von einem Sternenhimmel hängen beschriftete Glastafeln herab: Ein mittelhochdeutscher Text spart die Silhouette eines Ritters aus: geharnischt mit Helm, in der Hand eine Fahne. Ähnlich ist Wolfram von Eschenbach im sogenannten *Codex Manesse* dargestellt. Diese um 1340 entstandene Liederhandschrift enthält 140 Dichtersammlungen mit insgesamt 6.000 Strophen, ergänzt durch 138 gotische Miniaturen, die die Dichter zeigen. Über das tatsächliche Aussehen der Dichter können diese idealisierten Porträts sicher keine Auskunft geben. Kleine Hinweise auf seine Person finden sich aber in seinen Büchern, in denen ein Ich-Erzähler namens Wolfram in Erscheinung tritt. Viermal nennt dieser Erzähler Eschenbach als seinen Herkunftsort. Dass der Ort Obereschenbach, der seit 1917 den Namen Wolframs-Eschenbach trägt, damit gemeint ist, gilt als sehr wahrscheinlich. Zumal der Epiker nahegelegene Orte wie Abenberg, Wassertrüdingen und Nördlingen ebenfalls erwähnt. Sie sind im Museum auf einer besonderen Landkarte dargestellt: einem Trommelfell, das von einer Lanze durchbohrt ist. Ein Hinweis auf Krieg und Kampf, die nicht nur in Wolframs Werk, sondern auch im Leben seiner Zeit allgegenwärtig waren?

War der Dichter ein armer Mann? In seinem Versepos *Parzival* jeden-

Mobile mit Tarotkarten zum Parzival im Museum Wolfram von Eschenbach

Werke des Wolfram von Eschenbach

falls klingt das so: »dâ heime in min selbes hûs, dâ wirt gefreut vil selten mûs.« Auf Neuhochdeutsch: »Bei mir daheim in meinem Haus, da haben die Mäuse nicht viel zu feiern.« Die Ausstellung geht auch auf die Möglichkeit ein, dass Wolfram im Landgrafen Hermann von Thüringen einen Gönner besaß. Dieser könnte für seinen Lebensunterhalt gesorgt haben, um im Gegenzug in dessen Werken erwähnt zu werden. Offenbar pflegte der Sänger zudem Beziehungen zur bayerischen Herzogsfamilie der Wittelsbacher.

Gleich drei Räume stellen den *Parzival* vor. Ausgestattet sind sie mit einem Erzählzelt, einem Lanzenwald und einem Mobile mit Tarotkarten, das die komplizierten Verwandtschaftsbeziehungen in der Dichtung darstellt. Wolframs entstand wohl zu Beginn des 13. Jahrhunderts und erfreute sich sogleich großer Beliebtheit. Heute sind davon 82 selbstständige Textzeugen – also Handschriften oder Bruchstücke – erhalten. Allerdings weichen alle voneinander ab. Keiner, so glauben Forscher, ist das Original. Klar ist wohl, dass Wolfram den um 1190 entstandenen *Perceval* des französischen Romandichters Chrétien de Troyes zum Vorbild für sein Werk nahm.

Das Museum thematisiert einen Grundgedanken des *Parzival* mit den drei unterschiedlich beleuchteten Zimmern: Die helle und die dunkle Seite, die in jedem Menschen stecken und zwischen denen er sich entscheiden muss. So steht er bereits in der Einleitung des Epos. Schautafeln erzählen von seiner Hauptfigur, dem Knaben Parzival, der unbedarft im Wald aufwächst. Als er einen Ritter erblickt, beschließt er, sich der Tafelrunde des Königs Artus anzuschließen. Nach Kämpfen und Heldentaten langt er schließlich am Ziel seiner Suche an: dem Heiligen Gral. Er versäumt jedoch, den siechen Gralskönig nach seiner Krankheit zu fragen. »Hêrre, wie stêt iwer nôt?» – »Herr, wie steht Eure Not?«, steht in einem der Zimmer als Graffiti an die Wand gesprüht, was Parzival hätte fragen sollen. Eine Stimme vom Band blickt in Parzivals Gedanken. Warum schwieg er? Weil ihm sein Lehrmeister Gurnemanz geraten hatte, nicht zu vorlaut zu sein? Das Epos geht schließlich dennoch gut aus, denn Parzival erhält eine zweite Chance, die Frage zu stellen, und wird zum Gralskönig.

Ein hell erleuchteter Raum folgt der Spur des wahrscheinlich später entstandenen Fragments *Titurel*. In Strophen erzählt Wolfram darin die Vorgeschichte zum *Parzival* sowie die Geschichte um einen Jagdhund und dessen kostbare Hundeleine. Seine bildreiche und verschlüsselte Sprache machen *Titurel* für viele zu Wolframs bedeutendstem Werk. Wurde es gesungen? Wie wohl die Melodie geklungen hat? Museumsbesucher können das mit einem Klangspiel aus Röhren selbst nachempfinden.

Wolframs Gedichte sind meist sogenannte Tagelieder, die sich um die immergleiche Situation drehen: Zwei Liebende liegen traut beisammen und erkennen, dass der Tagesanbruch ihre Zweisamkeit zerstört. Der entsprechende Raum im Museum ist durch eine stilisierte Mauer in eine helle und eine dunkle Hälfte geteilt.

Finster stehen riesige Schilde vor den blutroten Wänden der Kammer über das düstere Epos *Willehalm*, Wolframs letztes großes Werk. Es berichtet vom blutigen Kampf zwischen Christen und Heiden. Der unerbittliche Krieg endet mit Tod und Verderben für alle. Das Werk kommt zu dem ernüchterten Fazit: Ritter sein heißt Mörder sein.

Der vorletzte Raum birgt ein beleuchtetes Grab. Es ist leer, denn niemand weiß, wo Wolfram von Eschenbach bestattet wurde. Aber der Dichter, über den so wenig bekannt ist, lebt weiter in seinen Werken und allen anderen, für die er die Inspiration lieferte. Sie sind rund um das leere Grab in Vitrinen versammelt: Die Gedichte der Meistersinger ab dem 14. Jahrhundert, die Opern Richard Wagners, Gemälde, Romane, Kinderbücher und Comics. Eine kleine Bibliothek mit Literatur zu Wolfram schließt das Museum ab.

Nicht weit vom Ausgang des Museums, auf dem Wolfram-von-Eschenbach-Platz, steht ein Denkmal des Minnesängers aus Zink. Bayerns König Maximilian II. stiftete es 1861. Das vom Deutschen Orden geprägte Städtchen Wolframs-Eschenbach dürften auch Fans des *Räuber Hotzenplotz* wiedererkennen: Hier wurde 1974 die Verfilmung von Otfried Preußlers Kinderbuch gedreht.

Oper
Musik
Film
Finden Sie
Lesen
anstrengend?
Lesen leicht gemacht.
dtv großdruck
dtv
Günter Grass
Mein Jahrhundert
Steidl
Simply Mick
BACH

Veggie-Kochbuch unterm Wursthaken

Buchhandlung Zum Grünen Baum in Dinkelsbühl

Die mittelalterliche Altstadt von Dinkelsbühl gehört zu den romantischsten Ecken Deutschlands. Mittendrin steht mit der Buchhandlung Zum Grünen Baum gegenüber der Pfarrkirche Sankt Georg eine Sehenswürdigkeit für Bücherfreunde. Nicht nur der Name verrät, dass dieses urige Geschäft früher ein Gasthaus war: »Damen« und »Herren« ist auf den ehemaligen Toilettentüren zu lesen, vor denen sich Taschenbücher stapeln. Die alten Fleischhaken hängen in der einstigen Wurstküche von der Decke – darunter stehen Ratgeber für *Vergnügliches Kochen* und *Vegetarische Küche* aufgereiht. Im Kleiderschrank des früheren Wirts liegen Bildbände zur Geschichte. Lektüre auf 300 Quadratmetern – auf Bänken, Kommoden, Treppenteilen. »Wir haben alles integriert«, sagt Buchhändler Hanns Bauer, der das Patrizierhaus selbst restaurierte und dabei 500-jährige Balken und Säulen freilegte. Nicht zuletzt gehört Bauer, Jahrgang 1934, selbst zum Inventar des Hauses.

Schon sein Vater besaß einen Laden am Rand der Altstadt, in dem es Spielzeug, Körbe, Schreibwaren und Bücher gab. Die Mutter war lange Zeit Hausangestellte bei einer gelehrten jüdischen Familie: »Ihr geistiges Interesse hat mich geprägt«, sagt Bauer. Er entschloss sich, Buchhändler zu werden, und mietete einen Teil des 1959 aufgegebenen Gasthofs, in dem sich auch eine Metzgerei, Fremdenzimmer und ein Pferdestall befanden. Mit seiner 16 Jahre jüngeren Frau Brigitte und den drei Kindern bewirtschaftete, bewohnte und restaurierte er das Haus, das er 1973 kaufte.

Der Franke erinnert sich gerne an die umtriebigen 60er- und 70er-Jahre: »Bei mir sind sie auf der Treppe rumgehockt, die Gymnasiasten, und haben Sartre und Camus diskutiert. Ich habe Sachen eingekauft, die es anderswo nicht gab.« Bauers Buchhandlung ist kein Antiquariat. Sie verfügt dennoch über einen riesigen Altbestand, weil der politisch Interessierte Reihen wie die Suhrkamp-Edition oder die Reclam-Hefte komplett bestellte, jedoch nie etwas an die Verlage zurückschickte. Aber auch Reiseführer gibt es in Dinkelsbühl in unglaublicher Fülle. Im Erdgeschoss kümmert sich Brigitte Bauer um das Sortiment von 1.000 Zeitungen und Zeitschriften. Und in einem abgetrennten Gebäudeteil ist Tochter Anna Bauer-Lieboner für die Kinderbücher zuständig.

WER BIST DU KASPAR HAUSER?

Wer bist du, Kaspar Hauser?

Markgrafenmuseum Ansbach

Sein rätselhaftes Auftauchen, seine nebulöse Vergangenheit, Spekulationen um eine adelige Herkunft und ein grausamer, ungeklärter Mord: Die Story um Kaspar Hauser besitzt alles, was einen guten Krimi ausmacht – und sie hat sich wirklich zugetragen. Der junge Mann, der am Pfingstmontag, den 26. Mai 1828, in Nürnberg auftauchte und in Ansbach 1833 an den Folgen eines Stichs ins Herz starb, hat Schriftsteller, Regisseure und Liedermacher inspiriert. Mehr als 3.000 Publikationen zu Hauser soll es geben.

War er wirklich ein badischer Erbprinz, der kurz nach seiner Geburt gegen einen sterbenden Säugling ausgetauscht worden war? Oder doch ein Bauernjunge und Betrüger? Wurde er jahrelang ohne Kontakte zu Menschen gefangen gehalten, wie er behauptete? Lag sein Kerker auf Wasserschloss Pilsach bei Neumarkt? Wurde er aus politischen Gründen aus dem Weg geräumt? Oder hat er sich die tödlichen Verletzungen selbst zugefügt?

Das Ansbacher Markgrafenmuseum versucht, Licht ins Dunkel um Kaspar Hauser zu bringen. Originaldokumente, Besitzstücke Hausers, Bildnisse und Hörstationen beschwören den 16-Jährigen herauf, der eines Tages unvermittelt auf dem Nürnberger Unschlittplatz stand. Der zerzauste und verstörte Junge trug zwei Briefe an einen Rittmeister bei sich. Im ersten davon beschreibt ein armer Tagelöhner, ihm sei der Junge als Kind vor die Haustür gelegt worden. Im zweiten kommt die mutmaßliche Mutter zu Wort. »Kasper« sei am 30. April 1812 geboren. Beide Briefe sind nur noch als Faksimiles erhalten.

Anhand von Exponaten wie diesen und Augenzeugenberichten erzählt die Ausstellung im Markgrafenmuseum, dass der Jüngling immer nur einen Satz stammelte: »Ein solcher Reiter möchte ich werden, wie mein Vater es war.« Dass er nichts außer seinem Namen schreiben konnte: Kaspar Hauser. Dass er überempfindlich auf Sinnesreize reagierte. Dass die Ermittler der Polizei zu dem Schluss kamen, er sei jahrelang isoliert gefangen gehalten worden. Dass Kaspar in die Obhut eines Lehrers kam, wo er rasant lernte. Dass er Opfer eines mysteriösen Anschlags wurde und seine Beschützer beschlossen, ihn nach Ansbach zu bringen.

In der beschaulichen Hohenzollern-Residenzstadt, so glaubten sie, sei er in Sicherheit. Er wohnte beim pedantischen Lehrer Meyer am Obstmarkt, der ihm mit Misstrauen begegnete. Eine merkwürdige Rolle

Puppe, bekleidet mit Kaspar Hausers Original-Kleidungsstücken im Markgrafenmuseum Ansbach

spielte der reisende englische Graf Stanhope, der urplötzlich auf den Plan trat. Er gerierte sich als Kaspars Gönner und ließ sich zu seinem Pflegevater bestellen, machte aber sein Versprechen, den jungen Mann nach England zu holen, nie wahr. Auch der Ansbacher Gerichtspräsident und Kriminologe Paul Johann Anselm von Feuerbach (1775–1833) beschäftigte sich eingehend mit Hauser. Er schrieb 1832 eine erste Abhandlung über den Fall. Feuerbach stellte die Theorie auf, der Findling sei in Wahrheit der Sohn des Großherzogs Karl von Baden und seiner Gattin Stéphanie. Neider hätten das Kind nach der Geburt vertauscht und dem Paar einen toten Säugling untergeschoben. Dieses Komplott sei mitverantwortlich, dass diese Linie des badischen Adelsgeschlechts ausgestorben sei.

Die Skulptur Kaspars Baum *von Jaume Plensa in Ansbach*

Mit der Behauptung, er habe Informationen über seine Herkunft, soll ein Unbekannter Kaspar Hauser am 14. Dezember 1833 in den Ansbacher Hofgarten gelockt haben. Er habe den Mysteriösen tatsächlich getroffen, berichtete der junge Mann anschließend, und von diesem einen violetten Beutel erhalten. Der Beutel und der Zettel, der sich darin verbarg, sind die wohl wundersamsten Exponate im Markgrafenmuseum. In Spiegelschrift steht da: »Ich komme von der Baierischen Gränze«. Seinen Namen gibt der Schreiber mit »M. L. Ö.« an. Kaum dass der Beutel übergeben war, habe der Fremde auf ihn eingestochen, erzählte Hauser, der drei Tage später an den Stichverletzungen starb.

Inmitten des Museums steht eine lebensgroße Puppe: Bekleidet mit Kaspar Hausers Original-Kleidungsstücken wie Rock, Weste, Hose, Stiefel und Zylinder vermittelt sie ein realistisches Bild, wie der 21-Jährige an jenem schicksalshaften Tag im Hofgarten erschienen war. Auch die Taschenuhr und eine Haarlocke Hausers liegen in einer Vitrine – sogar die Unterhose, die mit Blut besudelt ist. Mit modernen Methoden untersuchten Wissenschaftler 1996 im Auftrag des Magazins Der Spiegel diesen Blutfleck. Sie schlossen daraufhin eine Verwandtschaft Hausers mit dem Haus Baden aus. Eine Analyse von Haarlocke, Hose und Hut, die ein Münsteraner Rechtsmediziner 2002 im Auftrag des ZDF vornahm, kam jedoch zu einem anderen Ergebnis: Es sei sehr wohl möglich, dass Hauser ein vertauschter Prinz sei. Die Prinzentheorie hat bis heute glühende Befürworter wie erbitterte Gegner. Museumsbesucher können auf einer Wandtafel darüber abstimmen: Wer war Kaspar Hauser – Prinz oder Betrüger?

Der Fall beflügelt die Fantasie. Literatur, die er inspirierte, ist im Markgrafenmuseum ausgestellt. Der französische Symbolist Paul Verlaine verfasste 1881 das Gedicht *Gaspard Hauser chante*. Der Fürther Schriftsteller Jakob Wassermann lieferte 1908 mit *Caspar Hauser: oder die Trägheit des Herzens* eine fesselnde Version der Hauser-Story. Unter den Verfilmungen ragte zuletzt Peter Sehrs Historiendrama *Kaspar Hauser – Der Mensch, der Mythos, das Verbrechen* von 1993 mit André Eisermann in der Hauptrolle heraus. Kaspar Hauser und seine Isolation beschäftigten zudem Verhaltensforscher, Mediziner, Psychologen und Pädagogen. Im zweijährigen Turnus – in geraden Jahren – richtet Ansbach die Kaspar-Hauser-Festspiele aus, die sich in Wissenschaft und Kunst mit dem Thema beschäftigen.

Ein Spaziergang durch die mittelfränkische Rokokostadt führt vorbei an den Ansbacher Wirkungsstätten des Findelkinds. In der Pfarrstraße 18 liegt das Wohn- und Sterbehaus. Nicht weit davon steht *Kaspars Baum*: Die Skulptur eines kauernden Mannes, der mit Armen und Beinen einen Ahornstamm umschlingt. Geschaffen hat sie 2007 der katalanische Künstler Jaume Plensa. Im Hofgarten weist ein Gedenkstein auf den Tatort des wahrscheinlichen Mordes hin. Vor dem ehemaligen Logenhaus stellte 1981 der Bildhauer Friedrich Schelle zwei Bronzefiguren auf: Hauser, wie er 1828 in Nürnberg auftauchte und wie er 1833 in Ansbach ermordet wurde.

Nur wenige Schritte davon entfernt befindet sich das Geburtshaus des bekanntesten Ansbacher Literaten: August Graf von Platen (1796–1835), der unter anderem das Gedicht *Das Grab im Busento* verfasste. Der Poet lebt heute unter anderem im Platen-Literaturpreis weiter, den die Stadt alle zwei Jahre beim Bücherfestival LeseLust vergibt.

37.
Erlanger
POETEN

43

Auf der Lesewiese in den Bücherherbst

Erlanger Poetenfest

Der Sommer geht allmählich zu Ende, der Bücherherbst beginnt! Jedes Jahr am letzten Augustwochenende kommen Schriftsteller, Literaturkritiker, Publizisten und Leser im Erlanger Schlossgarten zusammen. Das Erlanger Poetenfest ist das größte Literaturfestival im süddeutschen Raum.

Newcomer, Senkrechtstarter und Bestsellerautoren stellen auf der Lesebühne ihre Neuerscheinungen vor, während es sich die Zuhörer mit Bier und Bratwurst auf Sitzbänken oder ihren Decken im Gras gemütlich machen. Jeweils im halbstündigen Rhythmus tritt ein anderer Autor auf das Podium.

Noch mehr Bühnen sind über den Park auf der Rückseite des 1700 bis 1704 erbauten Residenzschlosses verteilt. Zwischen Hugenottenbrunnen, Orangerie, Markgrafentheater und Universitätsbibliothek können Besucher weiteren Lesungen für Erwachsene und Kinder, Autoreninterviews oder Gesprächsrunden zu Politik, Kultur und Zeitgeschichte lauschen. Podiumsdiskussionen in der Orangerie werden zusätzlich im Radio übertragen. Zwischen den Lesungen unterhalten Musikgruppen der verschiedensten Stilrichtungen das Publikum.

Kinder finden mitten im Park eine große Bilderbuchwiese mit gemütlichen Sitz- und Liegegelegenheiten und ganz vielen neuen Büchern zum Lesen, Anschauen und Vorlesenlassen. In der Druckwerkstatt im benachbarten Zelt können die Kleinen ihre eigenen Werke herstellen.

Gegründet wurde das Lesefestival in der Universitätsstadt 1980. Nachdem sich frühere Veranstaltungsorte wie der Burgberggarten als zu klein erwiesen hatten, zog das Spektakel im Jahr 1993 in den Schlossgarten um. Heute lockt das Erlanger Poetenfest jährlich rund 12.000 Besucher an. Beliebt ist es auch wegen seines umfangreichen Rahmenprogramms, zu dem Buchkunst- und Literaturausstellungen, Übersetzerwerkstätten, nächtliche Multimedia-Performances sowie Filmaufführungen und Puppenspiele gehören.

Die Kulturstiftung Erlangen verleiht anlässlich des Poetenfestes jährlich den *Erlanger Literaturpreis für Poesie als Übersetzung*. Im Jahr 2017 bekam ihn die Lyrikerin und Übersetzerin Dagmara Kraus in der Orangerie des Schlossgartens überreicht.

Bibliophiles auf dem Domberg

Staatsbibliothek Bamberg

Ärzte aufgepasst! Es gibt ein Mittel gegen Husten, Schlaflosigkeit, Koliken und noch viele weitere Beschwerden. Es enthält unter anderem Myrrhe, Safran, eine Unze Bibergeil sowie attischen Honig und wirkt sofort. Deshalb sollte es nur gegen Vorkasse verabreicht werden – sonst kann es passieren, dass der plötzlich gesundete Patient sich auf und davon macht, ohne zu bezahlen. »Das undankbare Heilmittel«, *Antidotum acharistum*, wird es deshalb im Lorscher Arzneibuch genannt, das Mönche der Benediktinerabtei in Lorsch um 800 gefertigt haben. Das wohl älteste medizinisch-pharmazeutische Buch des abendländischen Frühmittelalters gehört zu den Schätzen der Staatsbibliothek Bamberg. Revolutionär ist es, weil darin Krankheiten nicht mehr als Strafen Gottes betrachtet, sondern ihre Behandlung als Werk der christlichen Nächstenliebe empfohlen werden. 2013 hat die UNESCO das Traktat zum Weltdokumentenerbe erhoben. Bereits zehn Jahre früher erhielten zwei weiterer Bamberger Schmuckstücke diesen Status: die sogenannte *Bamberger Apokalypse*, eine biblische Miniaturhandschrift, sowie ein Kommentar zum Hohen Lied und zum Buch Daniel. Beide sind um das Jahr 1000 in der Schreibstube des Klosters Reichenau entstanden.

Alle drei Bücherschätze gehen zurück auf Kaiser Heinrich II., der 1007 das Bistum Bamberg gründete. Er stattete die bischöflichen und kirchlichen Einrichtungen großzügig mit Büchern aus. 165 Handschriften oder Fragmente davon umfasst die sogenannte Kaiser-Heinrich-Bibliothek in Bamberg. Dieses einzigartige Zeugnis mittelalterlicher Buchkunst ist komplett digitalisiert im Internet zugänglich. Aber auch im Eingangsbereich der Bibliothek auf dem Domberg können Besucher an Bildschirmen in digitalen Versionen dieser Werke blättern.

Seit 1965 ist die Staatsbibliothek in der Neuen Residenz beheimatet. Sie geht zurück auf die Epoche der Säkularisation. 1803 gründete sie Bayerns Herrscher als Kurfürstliche Bibliothek. Ihren Grundstock bildeten dabei die Buchbestände der aufgelösten Stifte und Klöster des Fürstbistums Bamberg und der aufgehobenen alten Universität Bamberg. Allerdings wanderten damals auch berühmte Bamberger Stücke in die Münchner Hofbibliothek ab – heute Bayerische Staatsbibliothek. Darunter sind das reich ausgemalte Perikopenbuch Heinrichs II. mit liturgischen Texten, das Sakramentar

Heinrichs II. sowie eine von weltweit zwei vollständigen Handschriften des frühmittelalterlichen Epos *Heliand*, welches das Leben Jesu als Ritter erzählt. Im Rahmen von Sonderausstellungen kehren diese Preziosen von Zeit zu Zeit in die Schauräume der ehemaligen Residenz zurück.

Die rund 1.000 in Bamberg verbliebenen mittelalterlichen Handschriften und die 3.550 Wiegendrucke sind auch allein aller Ehren wert. Neben der Heinrich-Bibliothek gehören dazu etwa der zwischen 1230 und 1240 entstandene illuminierte Bamberger Psalter, der Egbert-Codex mit Darstellungen aus dem Leben Christi, mehrere Pergamentfragmente eines Livius-Textes aus dem 5. Jahrhundert, die weltweit einzige überlieferte Eisendruck-Platte Albrecht Dürers, der Zweidler-Plan von 1602, der Bamberg aus der Vogelperspektive zeigt – und, und, und.

Stellvertretender Bibliotheksdirektor Stefan Knoch blättert in einem theologischen Werk

Berühmt ist das sogenannte Bamberger Schreiberbild, das sich in einer Handschrift mit Werken des heiligen Ambrosius (339–397) aus dem 12. Jahrhundert findet. Mönche der Benediktinerabtei auf dem Michelsberg bei Bamberg haben sich auf diesem Bild selbst bei der Arbeit im Skriptorium porträtiert. Damit veranschaulichten sie erstmals die handwerklichen Arbeitsschritte bei der Entstehung eines Buches – wie das Zuschneiden des Pergaments oder die Prüfung des zugespitzten Federkiels.

Die schlossähnliche Anlage ist nicht nur eine Schatzkammer, sondern zudem eine umfassende Bibliothek, die regen Zulauf findet. Mehr als eine halbe Million Bände sowie 80.000 Blätter und Grafiken liegen in den Magazinen. Sie können von den Studierenden der

Bamberger Universität, aber auch vom öffentlichen Publikum genutzt werden. Der große Lesesaal unter hellem Barockgewölbe trägt die Handschrift des Architekten Balthasar Neumann (1687–1753), der ihn 1731 umgestaltete. Eine großartige Aussicht auf den idyllischen Bamberger Rosengarten versüßt das dortige Arbeiten. Die gesamte Neue Residenz wurde in den Jahren von 1697 bis 1703 von Johann Leonhard Dientzenhofer erbaut.

Bis heute hört die Bibliothek nicht auf zu wachsen. Ihre Schwerpunkte bilden Buch- und Bibliothekswissenschaft, Kulturgeschichte, Theologie und Geschichte. Seit 1987 müssen die Verlage von allen Publikationen, die im Regierungsbezirk Oberfranken erscheinen, ein Pflichtexemplar hier abliefern. So belegen auch die Wildwest- und Orientromane aus dem Bamberger Karl-May-Verlag mit ihren grünen Einbänden einige Regalmeter.

Unbedingt empfehlenswert ist es, an einer der Führungen durch die Bibliothek teilzunehmen. Denn nur in diesem Rahmen sind die sogenannten Dominikanerräume zu sehen. Ihr Name geht darauf zurück, dass die dortigen Bücherschränke ursprünglich in einem Kloster des Dominikanerordens standen. Der erste dieser Räume, in dem geschnitzte Figuren auf den Regalen thronen, fasst Altbestände zur Landesgeschichte. Es schließt sich ein Kabinett an, das einer typischen Klosterbibliothek nachempfunden ist. Hier drängen sich bullige Folianten auf den Bücherborden aus hellem, unbehandeltem Holz aneinander. Ein weiterer, geräumiger Saal ist bestückt mit Globen und Büchern aus dem 16. und 18. Jahrhundert in weißen Schweinsledereinbänden. Raum Nummer vier schließlich vermittelt einen komplett anderen Eindruck: Er enthält die Rokokobibliothek des Wittelsbacher-Herzogs Karl II. August von Pfalz-Zweibrücken. Der Bruder des ersten bayerischen Königs brachte diese Büchersammlung aus seinem Schloss Karlsberg im Saarland aus Angst vor anrückenden französischen Truppen in Bayern unter. Sie ist ausgestattet mit 11.000 kleinformatigen, goldgeprägten Bänden aus hochwertigem Kalbs-, Rinder-, Schaf- und Ziegenleder.

Zum Schriftsteller E. T. A. Hoffmann, der viereinhalb Jahre in Bamberg wohnte und wirkte, beherbergt die Staatsbibliothek ein eigenes Kabinett. Darin sind alle Erstausgaben seiner Werke zu finden, das Original-Manuskript der Hoffmann-Erzählung *Meister Martin der Küfner und seine Gesellen*, dazu Briefe, Zeichnungen und eine der weltgrößten Sammlungen an Sekundärliteratur zu Hoffmann.

Guckloch ins Grauen

E. T. A. Hoffmann-Haus in Bamberg

Vielfach gespiegelt zeichnen sich die Umrisse von E. T. A. Hoffmanns (1776–1822) Antlitz ab. Wohin soll der Betrachter in diesem Spiegelkabinett blicken? Wo befindet sich das wahre Gesicht des Dichters? Eine kleine Bewegung, und der Gast löst ungewollt eine Lichtschranke aus, welche die Szenerie abrupt verdunkelt: Der Besucher erblickt sich selbst. Oder ist es ein Doppelgänger? »Ich denke mir mein Ich durch ein Vervielfältigungsglas«: Das Spiegelkabinett im Bamberger *E. T. A. Hoffmann-Haus* nimmt Bezug auf dieses Zitat aus dem Tagebuch des Schriftstellers. Gleichzeitig lässt es die Themen erahnen, die das Werk des großen Fabulierers durchziehen: das Undurchsichtige und Doppelbödige, das Ironische und Dämonische, das Märchenhafte und Kriminalistische. Der Spätromantiker schaffte es wie kein anderer, seine Leser mit schaurig-schönen Zuständen von Traum, Fantasie, Rausch und Spannung zu infizieren. Er ersann absonderliche Gestalten wie den fürchterlichen Advokaten Coppelius aus dem *Sandmann*, das liebliche Schlangenmädchen Serpentina im *Goldnen Topf*, den tapferen Nussknacker, den eitlen Spießbürger Kater Murr, den mörderischen Mönch Medardus und seine *Elixiere des Teufels*. Vor seinen Romanfiguren soll sich der Autor mitunter selbst gefürchtet haben.

Hoffmann lebte nur viereinhalb Jahre in Bamberg. Ab 1808 war er hier tätig als Kapellmeister, Bühnenmaler, Theaterkomponist, Dramaturg, Musiklehrer und kurzzeitiger Musikdirektor. Der in Königsberg als Ernst Theodor Wilhelm Hoffmann Geborene hatte ein Jurastudium in seiner Heimatstadt sowie Anstellungen als preußischer Beamter in Berlin und Polen hinter sich. Der Einmarsch Napoleon Bonapartes 1806 in Warschau hatte diese Karriere jäh beendet. Hoffmann – der seinen dritten Vornamen aus Verehrung für Wolfgang Amadeus Mozart änderte – hatte ohnehin anderes im Sinn: Er wollte komponieren, schreiben und zeichnen. In Bamberg sollte der Wunsch von einer Anstellung im Dienste der Kunst wahr werden. Allein das Geld blieb aus. »In der höchsten Not den alten Rock verkauft, um nur fressen zu können!!«, kritzelte Hoffmann 1812 in sein Tagebuch. Den größten Teil der Bamberger Zeit verlebte er im heutigen *Hoffmann-Haus* am Schillerplatz 26, gleich gegenüber dem Theater, das seit 1958 seinen Namen trägt.

Seine Frau Mischa und er bewohnten die beiden oberen Stock-

Spiegelkabinett im E. T. A. Hoffmann-Haus

werke. Im Poetenstübchen in der Mansarde verfasste Hoffmann Musikkritiken und musikalische Erzählungen, um sein Gehalt aufzubessern. Damit legte er den Grundstein zu seiner Schriftstellerkarriere, auch wenn der Erfolg noch ausblieb. In kreativen Pausen, so erzählten sich Zeitgenossen, soll der Autor aus dem Fenster stundenlang mit einem Hund geplaudert haben, der auf dem Theaterplatz hockte. Die heutige Einrichtung des Stübchens ist der damaligen nachempfunden. So steht dort neben einem Tischchen mit Tintenfass und Feder ein Piano. Auf einem ähnlichen Exemplar komponierte der Vielseitige oder begleitete seine Gesangsschülerinnen, darunter Julia Mark. Hoffmanns hitzige und stürmische Leidenschaft für das 13-jährige Mädchen ging so weit, dass er Julias Verlobten bei einem Ausflug nach Pommersfelden unflätig beschimpfte und für einen Eklat sorgte.

Eine interaktive Musikkommode im Nachbarraum spielt beim Öffnen der Schubladen Hoffmanns Kompositionen, aber auch Stücke seines Vorbilds Mozart. Musiker-Scherenschnitte an einem Mobile sind Hoffmanns eigenen Kunstwerken nachempfunden. Das Zeichnen treffender Karikaturen von Freunden, Kollegen und Vorgesetzen brachte dem Künstler zeit seines Lebens mehr Feinde als Ruhm ein. Einer der Scherenschnitte stellt Hoffmanns Alter Ego da: den zum Wahnsinn neigenden Kapellmeisters Johannes Kreisler. Hoffmann schrieb in Bamberg erste Texte über Kreisler, der später immer wieder in seinen Erzählungen, Romanen und Zeichnungen auftauchen sollte.

Erfolglos am Theater verließ Hoffmann Bamberg, um Musikdirektor in Leipzig und Dresden, schließlich Kammergerichtsrat

Das Poetenstübchen des E. T. A. Hoffmann-Hauses

in Berlin zu werden. In Preußens Hauptstadt ging er tagsüber von Berufs wegen der »Ermittlung hochverräterischer Verbindungen und anderer gefährlicher Umtriebe« nach. Die Nächte durchzechte er mit seinem Freund Ludwig Devrient im Weinhaus *Lutter und Wegner* am Gendarmenmarkt. Hier nun gelang ihm der literarische Durchbruch mit den Erzählungsbänden *Fantasiestücke in Callot's Manier*, *Nachtstücke* und *Serapionsbrüder*. Johann Wolfgang von Goethe galten seine absonderlichen Geschichten zwar als »Verrücktheiten eines Mondsüchtigen«, andere jedoch wurden zu glühenden Hoffmann-Verehrern. Der Pariser Komponist Jacques Offenbach (1819–1880) schuf aus Hoffmanns Erzählungen später sogar eine fantastische Oper. Hoffmanns eigener Erfolg als Komponist stellte sich 1816 ein, als seine *Undine* – die erste romantische Oper der deutschen Musikgeschichte – am Gendarmenmarkt aufgeführt wurde. Nach 13 gefeierten Vorstellungen brannte das Opernhaus samt Dekoration und Kostümen aus ungeklärter Ursache ab. Bühnenbildentwürfe, die Karl-Friedrich Schinkel für diese Meerjungfrauen-Oper geschaffen hatte, sind im Bamberger *Hoffmann-Haus* in einer Art Theaterloge, eingerahmt von Bühnenvorhängen, zu sehen.

Im Museum wimmelt es von hoffmannesken Spielereien. Im Flur beim Spiegelkabinett prangt ein verzerrtes Hoffmann-Porträt an der Decke, das erst beim Blick in einen Spiegel die richtigen Proportionen offenbart. Das Gedankenmikroskop lässt Besucher durch Gucklöcher Blicke in die geheimen Gedanken der Figuren aus der Erzählung *Meister Floh* werfen. Zur Erzählung *Nussknacker und Mausekönig* ist in einer Treppennische ein Papiertheater gestaltet. Ein schmiedeeisernes Tor führt in einen Zaubergarten, wie ihn der Archivarius Lindhorst in Hoffmanns Märchen *Der Goldne Topf* besitzt. Zwischen Rosen, Efeu, Bambus und Schlingpflanzen verstecken sich ein doppelgesichtiger Hoffmann, der zwergenhafte Klein Zaches und die Meerjungfrau Undine aus Keramik und Stein.

Weitere Orte in Bamberg würdigen Hoffmann. Vor dem Theater steht der Dichter als Bronzeskulptur, Kater Murr auf der Schulter. Neben dem Theater befindet sich noch immer Hoffmanns einstige Stammkneipe, auch wenn die *Theaterrose* heute *Hoffmanns* heißt. In der Straße *Eisgrube* finden Hoffmann-Fans den grinsenden Türknauf, der als Vorbild für das verhexte Äpfelweib im *Goldnen Topf* diente. Eine Ecke weiter, an der Judenstraße, ist der Ort, in dem – zumindest laut Verfilmung – eine berühmte Kinderbuchfigur wohnen soll: Das Sams, ersonnen vom fränkischen Schriftsteller Paul Maar.

Botschaften aus der Vergangenheit

Antiquariat Zipprich in Bamberg

Bambergs Altstadtgassen sind eine einzige Fundgrube für Rares und Antikes. Hier residiert auch Dieter Zipprich, der sich dem Handel mit kostbaren Büchern verschrieben hat. Im Schatten der mittelalterlichen Altenburg betreibt er ein Antiquariat. Die historische Umgebung passt bestens zum »antiquarischen Dasein«, findet er. Seinen Laden in der Münchner Theresienstraße, in dem er Bücher aller Arten und Preisklassen feilbot, schloss Zipprich 2015. Er zog in das Bamberger Domizil, wo er sich auf wertvolle Stücke spezialisierte. Er führt illustrierte Werke, teils in wunderschönen Ledereinbänden, Inkunabeln und Handschriften. Die Preisspanne reicht von 20 bis 10.000 Euro: Letzteres erhielt Zipprich für die reich illustrierte Weltchronik des Augustinermönchs Jacobus Philippus Foresti in einer Ausgabe von 1501.

Zipprich, der in München Philosophie und Religionsgeschichte studierte und dort an der Universitätsbibliothek tätig war, liebt es, in alten Stundenbüchern zu blättern. »Mich faszinieren diese ungeheure Feinheit, der Umgang mit der kostbaren Farbe, dem Gold«, preist er die Schreibstuben der Mönche. Bücher, findet er, seien »tiefgefrorener Geist« und »Botschaften aus einer vergangenen Welt«.

Was das Antiquariat über Bayern hinaus zu einer wichtigen Adresse für Bibliophile macht, ist das bunte Papier. Genauer gesagt, das Kleisterpapier, das lange Zeit für den Vorsatz zwischen Bucheinband und Buchblock verwendet wurde. Zipprichs Frau Ulrike Grießmayr ist Buntpapiererin. Die Technik, Büttenpapier mit eingefärbtem Kleister zu behandeln und dann Muster aufzubringen – gestrichen, geädert, mit Blumenornamenten oder geometrischen Formen –, hat sich die Grafikerin selbst angeeignet. Nach dem Vorbild des französischen *papier dominauté* bearbeitet sie die Blätter mit Modeln und Stempeln. Oder sie geht nach der sogenannten Herrnhuter Art vor und erzeugt mit den Fingern Wellen und andere Muster. Ihre Kunden sind meist Buchbinder. Grießmayr bezieht mit dem Buntpapier zudem dekorative Schachteln und Schatullen. Das Antiquariat kann nach Anmeldung besucht werden. Außerdem bietet Dieter Zipprich seine Bücher auf den Antiquariatsmessen in Stuttgart und Frankfurt an.

Jean PAUL
250 JAHRE
YREUTH
an-paul-2013.de
Einfahrt freihalten

Weltschmerz in Gänsefüßchen

Jean-Paul-Museum in Bayreuth

Schmutzfink, Weltschmerz, Gänsefüßchen: Diese Wörter hat sich Jean Paul (1763–1825) ausgedacht. Mit seinen Werken wie *Hesperus*, *Siebenkäs* oder *Dr. Katzenbergers Badereise* war der Dichter zu Lebzeiten ein ausgesprochen beliebter Autor. Heutige Leser kann Jean Pauls Prosa mit ihrer treffenden Alltagsbeobachtung, dem Nebeneinander von Fantasie und Realismus, Satire und Traurigkeit, Zukunftsvisionen und Idyllen regelrecht anstecken – wenn sie sich denn auf kunstvoll verschraubte Sätze und mitunter waghalsige Romanhandlungen einlassen.

Wer Jean Paul begreifen will, muss nach Oberfranken kommen. Geboren 1763 in Wunsiedel, verbrachte Johann Paul Friedrich Richter, wie er bürgerlich hieß, fast sein ganzes Leben in der Heimat: Er wohnte unter anderem in Joditz, Schwarzenbach an der Saale und Hof. An seiner letzten Lebensstation Bayreuth ist ihm ein Museum gewidmet. Zwar ist der Museumsbau nicht Jean Pauls Sterbehaus – jenes befindet sich weiter westlich, an der Friedrichstraße. Doch auch dieser Ort atmet Geschichte, denn hier wohnte ehedem Houston Stewart Chamberlain (1855–1927), Schwiegersohn Richard Wagners und Vordenker der nationalsozialistischen Rassenideologie. Chamberlains Einfluss sollte zur unheilvollen Verbindung von Wagner-Kult und völkischem Wahn führen, der in Bayreuth traurige Urständ feierte.

Als sich Jean Paul 1804 in Bayreuth niederließ, war es eine beschauliche Residenz der Hohenzollern. Der Autor liebte vor allem die idyllische Natur im Umland und pries Bayreuth für »den Zaubergürtel seiner Gegend«. 21 seiner 62 Lebensjahre brachte er in der Stadt am Roten Main zu. Der Literat und leidenschaftliche Leser bezeichnete sich selbst als »Bücher-Vampyr«, »Papierdrache« und »Literaturvielfraß«. Passend dazu ist Jean Pauls Arbeitszimmer im Eingangsbereich des Museums hinter einer Bücherwand nachgebaut. Originale Einrichtungsgegenstände aus dem letzten Wohnhaus wie ein Ofen und ein Schreibschrank verleihen diesem Raum Atmosphäre. Jean Paul – den Künstlernamen hatte er zu Ehren des verehrten Philosophen Jean-Jacques Rousseau gewählt – lebte als einer der ersten Deutschen von der Schriftstellerei.

Möglich war ihm das jedoch erst mit der Veröffentlichung von *Hesperus oder 45 Hundposttage*. Der skurrile Entwicklungsroman um den verliebten Arzt Viktor aus dem Jahr 1795 wurde der größte literarische Erfolg seit Goethes *Werther*. Vorher, so ist im Museum zu erfahren, hatte die Erfolglosigkeit den Dichter zermürbt. Vielleicht wurde er deshalb zum »Sänger der Armen«, der »nicht in den Palästen der Großen« auftrat, wie der Journalist Ludwig Börne (1786–1837) über ihn sagte.

Die Skulptur hinter dem Jean-Paul-Museum erinnert an einen Heißluftballon und Jean Pauls Werk Des Luftschiffers Giannozzos Seebuch

Jean Paul hatte die Nöte seiner Leser am eigenen Leib erfahren: Schulden, Scheitern, Lebenskrisen, Armut, ja sogar Hunger. Aus Leipzig, wo er ein Theologiestudium begonnen und abgebrochen hatte, floh er vor seinen Gläubigern. Einmal, 1790 in Schwarzenbach, überfiel ihn eine dunkle Vision: Er sah sich selbst als Toten vor sich. Immer wieder schlug er sich als schlecht bezahlter Hauslehrer durch, so in Schwarzenbach und Töpen bei Hof. In seinem Roman *Leben des vergnügten Schulmeisterlein Wutz* und der Idylle *Leben des Quintus Fixlein* setzte er dem Berufsstand des Lehrers satirische Denkmäler.

Jean Pauls Beziehungen zu Frauen gestalteten sich wie der Rest seines Lebens: unbeständig und launenhaft. Mehrmals ging er Verlobungen ein. Erst mit 38 Jahren heiratete er die gutbürgerliche Berlinerin Caroline Mayer und zog drei Jahre später mit ihr nach Bayreuth. Ob er mit seiner Gattin richtig glücklich war? Biografen bezweifeln das. Zur Hochzeit jedenfalls hatte Königin Luise von Preußen – sie schätzte den Dichter – dem Paar ein silbernes Tafelservice mit Samowar und ein Brillanthalsband geschenkt. Die Hochzeitsgaben sind heute im Museum zu besichtigen. Drei Kinder hatte das Paar, deren jüngstes, die Tochter Odilie, in Bayreuth zur Welt kam. Statt zu Hause verbrachte der Schriftsteller einen Großteil seiner Zeit im Gasthaus Rollwenzelei vor den Toren Bayreuths, wo ihm die Wirtsleute eine Dichterstube zur Verfügung stellten. Hier saß er fast täglich und schrieb an seinen Werken. Im Jahr 1825 erblindete Jean Paul und starb kurz darauf.

Mit Hörstationen und Dokumentarfilm-Ausschnitten, dazu Exponaten wie Handschriften, Briefen, Haarlocke und Nickelbrille, begibt sich das Museum auf seine Spuren. Es erzählt von Jean Pauls Freunden wie Christoph Martin Wieland und Johann Gottfried Herder und seinem eher reservierten Verhältnis zum Dichterkollegen E. T. A. Hoffmann. Je ein Schaukasten widmet sich jedem seiner Werke mit Textstellen, darunter *Flegeljahre*, *Titan* oder *Der Komet*. Bis auf den zweiten Band der *Grönländischen Prozesse*, dessen früheste gedruckte Fassung verschollen ist, sind hier alle Erstausgaben versammelt. Zeitgenössische und spätere Illustrationen stellen die Werke vor, Porträts den Dichter selbst.

Im Garten hinter dem Museum greift eine neun Meter hohe Plastik der Berliner Künstlergruppe *Inges Idee* Pauls Roman *Des Luftschiffers Giannozzos Seebuch* auf. Aus weißen Stahlrohren ist ein Heißluftballon, in den langsam Luft gelassen wird, nachempfunden. Im Museumsgarten steht außerdem ein Pavillon, in dem eine Porträtgalerie den Dichter vorstellt. Er ist eine von vielen Stationen auf dem fast 200 Kilometer langen Jean-Paul-Wanderweg durch Oberfranken. Reisen zu Fuß war für Jean Paul oft Notwendigkeit, gleichzeitig aber eine geliebte Beschäftigung. »Ich kann mich nicht erinnern, daß ein einziger Gedanke in der Stube gefasst wurde, sondern immer im Freien«, schrieb er. Texttafeln entlang des Wegs informieren über den Autor und seinen Hintergrund. Auch darüber, dass er in *Katzenbergers Badereise* das Nordic Walking vorwegnahm und frühe Science-Fiction-Literatur verfasste, ist zu lesen. Ausgangspunkt der Route ist Joditz nahe Hof, wo Jean Paul vom dritten bis 13. Lebensjahr eine glückliche Kindheit verbrachte. Er nannte das Dorf später Auenthal und ließ den Roman vom *Schulmeisterlein Wutz* dort spielen. Im ehemaligen Pfarrgarten des Orts hält ein privates Jean-Paul-Museum Dokumente, Porträts und Buchausgaben bereit. Zu den Stationen um Bayreuth gehören die Jean-Paul-Stube im ehemaligen Gasthaus Rollwenzelei, die nach Vereinbarung besichtigt werden kann, und der Felsengarten Sanspareil, den Jean Paul selbst erwanderte.

Seit 1983 vergibt der Freistaat zweijährlich den Jean-Paul-Preis: Zu den für ihr Werk ausgezeichneten Literaten gehören bisher etwa Satiriker Eckhard Henscheid, Schriftstellerin Petra Morsbach und Kabarettist Gerhard Polt.

WAHNFRIED
LUDWIG II
Kasse

Wo sein Wähnen Frieden fand

Richard Wagner Museum in Bayreuth

Bayreuth ist Richard Wagner (1813–1883). In der Festspielstadt ist der bahnbrechende Komponist allgegenwärtig – nicht nur als Musiker, auch als Literat. Schließlich schrieb Wagner die Libretti seiner gefeierten Opern wie *Die Meistersinger von Nürnberg*, *Ring des Nibelungen*, *Tannhäuser*, *Lohengrin* oder *Parsifal* selbst. Darüber hinaus verfasste er zahlreiche Schriften zu Musiktheorie, Philosophie und Politik. In einigen Werken zeigte sich der gebürtige Leipziger als unverhohlener Antisemit – einer der Gründe, warum die Nationalsozialisten den Komponisten später zur Kultfigur erheben sollten.

Neben dem Festspielhaus auf dem Grünen Hügel und dem Markgräflichen Opernhaus von 1744 ist das 2015 erweiterte Richard Wagner Museum mit seinen drei Gebäuden *die* Adresse, um Wagners literarischem Schaffen näherzukommen. Mittelpunkt ist die Villa Wahnfried am Hofgarten. Sie war ab 1874 Wohnhaus des Komponisten und seiner Familie. Vorausgegangen war eine Odyssee. Armut, drückende Schulden, sein unstillbarer Ehrgeiz und Verfolgung als Revolutionär hatten den Komponisten zu einem Leben mit ständigen Ortswechseln gezwungen.

Wie ein rettender Engel erschien da der bayerische König Ludwig II. Der glühende Wagner-Verehrer ermöglichte dem verzweifelten Komponisten unmittelbar nach seiner Thronbesteigung ein sorgenfreies Dasein durch eine großzügige, lebenslange Rente. Der Traum vom eigenen Opernhaus wurde zunächst durch Wagners nicht standesgemäße Beziehung mit der verheiraten Cosima von Bülow verhindert, die noch vor ihrer Scheidung drei Kinder von Wagner bekam. Erst nach der Hochzeit mit Cosima, die seine zweite Frau wurde, sah der König die Zeit gekommen, dem Tonsetzer den Traum von einem eigenen Festspielhaus in Bayreuth – ausschließlich für seine Werke – zu ermöglichen.

»Hier wo mein Wähnen Frieden fand – Wahnfried – sei dieses Haus von mir benannt«, prangt an der Fassade der herrschaftlichen Villa. Die Ausstellung in ihrem Inneren führt mit zahllosen Devotionalien wie seinem Barett, Zylinder, Brille, Regenschirm, Sargschlüssel, aber auch Manuskripten und Partituren durch das Leben Richard Wagners. Der große Saal, der familiären Zusammenkünften diente, musste nach Kriegszerstörungen wiederaufgebaut werden. Wagners Bibliothek mit 2.500 Bänden, die wertvollen Leuchter sowie der

Die Villa Wahnfried des Richard Wagner Museums

Der Neubau des Richard Wagner Museums

Steinway-Flügel konnten aber vor den Bomben in Sicherheit gebracht werden. Sie sind wieder an Ort und Stelle zu sehen. Im Keller des Hauses lässt eine interaktive Partitur die Rheingold-Ouvertüre erklingen. Das Untergeschoss birgt zudem Wagners Dresdner Bibliothek, die er bei der Flucht aus der sächsischen Residenzstadt für 500 Taler bei seinem Schwager, dem Verleger Heinrich Brockhaus, verpfändete und niemals auslöste.

Der benachbarte Museumsneubau, ein lang gestreckter Pavillon, den der Berliner Architekt Volker Staab entworfen hat, ist 2015 eröffnet worden. Hier stehen die Wagner-Festspiele im Vordergrund, die nach dem Tod des Meisters von dessen Frau Cosima, anschließend von Sohn Siegfried und später von Schwiegertochter Winifred (1897–1980) geleitet wurden. Ein Kino zeigt Operninszenierungen, ein Schallarchiv erlaubt das Anhören von Wagners Musik über Kopfhörer, sortiert nach Werksgattung, Orchester, Dirigent, Solist und Aufnahmejahr. Eine Zeitleiste bildet sämtliche Dirigenten der Festspiele ab. Modelle von Bühnenbildern – zum Beispiel die Venusgrotte aus dem *Tannhäuser* –, aber auch Kostüme, Bühnentechnik und Requisiten wie das Pferd des Walkürenritts samt einer kopfüber montierten Sieglinde-Puppe dokumentieren Bühnengeschichte.

Das dritte anliegende Gebäude, das Siegfried-Wagner-Haus, ließ

Richard Wagners Sohn nach dem Tod des Vaters zu seinem Wohngebäude ausbauen. Die Witwe des 1930 verstorbenen Siegfried, Winifred Wagner, war nicht nur eine Anhängerin des antisemitischen Theoretikers Houston Stewart Chamberlain (1855–1927), der mit Siegfrieds Schwester Eva (1867–1942) verheiratet war. Winifred pflegte zudem eine enge Freundschaft mit Adolf Hitler. Der Diktator besuchte regelmäßig die Festspiele und logierte dann in diesem Haus. Im Kaminzimmer des Siegfried-Wagner-Hauses, wo Hitler oft saß und bis in die Nacht seine Thesen zur Zukunft Deutschlands ausbreitete, beleuchtet eine Dauerausstellung die unrühmliche Rolle Richard Wagners auf dem Weg zum sogenannten Dritten Reich. Wagner selbst hatte in seinem Aufsatz über *Das Judenthum in der Musik* von 1850, wonach es Juden seiner Meinung nach nur zu einer effektorientierten Nachahmung brächten, zur Ideologie des sogenannten Reichs beigetragen. Zu NS-Reichsparteitagen wurde ritualmäßig die Ouvertüre aus Wagners Oper *Rienzi* aufgeführt. »Aus Parsifal baue ich mir meine Religion«, verkündete Adolf Hitler.

Angegliedert an das Richard Wagner Museum ist das *Nationalarchiv der Richard-Wagner-Stiftung Bayreuth* mit Spezialbibliothek. Es bewahrt Briefe, Manuskripte und Partituren Richard Wagners und den Nachlass Cosima Wagners sowie ihrer Nachkommen auf.

Im hinteren Teil des Parks von Wahnfried, dicht am Hofgarten, liegt die überwucherte Gruft, in der Richard Wagner 1883 beigesetzt wurde. 1930 wurde auch seine Witwe Cosima hier bestattet. Die Grabplatte trägt bewusst keine Inschrift: Wer diesen Ort besucht, weiß, wessen letzte Ruhestätte er vor sich hat.

Gegenüber dem Siegfried-Wagner-Haus, in der Wahnfriedstraße 9, starb am 31. Juli 1886 der ungarische Komponist und Pianist Franz Liszt. Der Vater von Richard Wagners Ehefrau war ein großer Förderer seines Schwiegersohns. Nach einer anstrengenden Konzerttournee hatte er in Bayreuth – schon schwer erkrankt – noch die Festspielaufführungen seiner Lieblingsopern *Parsifal* sowie *Tristan und Isolde* besucht. Das Franz-Liszt-Museum in seinem Sterbehaus erinnert mit Autografen, Bildnissen und Erinnerungsstücken an Leben und Werk des Komponisten.

Ein weiterer Bayreuther Bücherort liegt nicht unweit der Wagner-Gedenkstätten am Hofgarten. Das Deutsche Freimaurermuseum beherbergt nicht nur eine der weltgrößten Sammlungen zur Geschichte der Logenbewegung. Es verfügt auch über eine Spezialbibliothek mit rund 19.000 Bänden. Sein Zweck ist, Vorurteile abzubauen und auf die Ziele der Freimaurerei wie Entfaltung der Persönlichkeit, Toleranz und Mildtätigkeit hinzuweisen.

BANK
RECHT
LIMONADE

Willkommen in Entenhausen

Museum Erika-Fuchs-Haus in Schwarzenbach an der Saale

Grübel, Zitter, Grummel, Schluck – diese verkürzte Verbform nennen Germanisten Inflektiv. Quatsch: Erikativ, sagen Comic-Fans. Sie verneigen sich damit vor Erika Fuchs (1906–2005), der Übersetzerin und Chefredakteurin des Micky-Maus-Magazins. Jahrzehntelang legte sie Donald Duck & Co. umwerfende Lautmalereien, Sprachspiele und Wortschöpfungen in den Schnabel. Nebenbei jubelte die promovierte Kunsthistorikerin Generationen von Heranwachsenden Klassiker der deutschen Literatur unter: »Seht den Himmel, rot wie Blut – das ist nicht des Tages Glut«, sagt Donalds Neffe Trick beim Anblick eines brennenden Hauses und zitiert damit frei aus Friedrich Schillers (1759–1805) *Lied von der Glocke*.

Schwarzenbach an der Saale war der langjährige Wohnort von Erika Fuchs, wo das nach ihr benannte Haus den Kosmos Entenhausen lebendig werden lässt, den die Grand Dame des deutschen Comics aus dem Duckburg des US-amerikanischen Comicautors und -zeichners Carl Barks schuf. Das erste Comicmuseum Deutschlands widmet sich darüber hinaus Fuchs als Person, dem Comic als Unterhaltungsmedium und Kunstform sowie den vielfältigen spielerischen Möglichkeiten der deutschen Sprache.

Der einzige Eingang ins Museum führt über einen Kinosaal. Ein Film erzählt hier die Entwicklung der Bildergeschichten nach – von den Höhlenzeichnungen der Steinzeitmenschen und den Handschriften des Mittelalters über frühe *Funnies* in Zeitungen bis hin zu erfolgreichen Klassikern wie *Tim und Struppi*, *Prinz Eisenherz*, *Superman* und *Asterix*. Künstlerisch anspruchsvoll wurde es mit Hugo Pratts Storys um den Seemann *Corto Maltese*, erst recht mit Will Eisners Graphic Novels. Heute ist der Comic eine höchst lebendige und vielseitige Kunstform.

Gleich hinter dem Kinosaal geht's nach Entenhausen – eine begehbare Welt, die darauf wartet, entdeckt zu werden. Alles, was Fans der Heftchen kennen, ist hier versammelt: Donalds geliebter Garten, sein grüner Sessel, sein roter Kleinwagen mit dem Kennzeichen 313. Der missgünstige Nachbar Zorngiebel lugt über den Zaun, Vetter und Glückspilz Gustav Gans fläzt in seiner Hängematte. Ein Spaß für Kinder ist es, in Oma Ducks Bauernhof hineinzukriechen und in Onkel Dagoberts Geldspeicher in Plastik-Talern zu baden.

Rund um die Statue des Entenhausen-Gründers Emil Erpel sind Hafen, Bank und die Werkstatt des

Mit der Sprache spielen können Besucher an zahlreichen Stationen im Erika-Fuchs-Haus

Erfinders Daniel Düsentrieb aufgebaut. Beim Blick auf den Stammbaum der Familie Duck stößt der Betrachter auf das seltsame Prinzip der Vervetterung, wie es in den Walt-Disney-Comics herrscht: Statt Väter, Mütter, Söhne und Töchter gibt es bei den Ducks fast ausschließlich Onkel, Tanten, Neffen und Nichten.

Videos erklären das Duck-Universum wissenschaftlich. Natürlich kommen dabei auch Donaldisten zu Wort: Die Mitglieder der eingeschworenen Fangemeinde setzen sich mal mehr, mal weniger ernsthaft mit Entenhausen auseinander. Ein raumhoher Comic von Simon Schwartz erzählt das Leben der Erika Fuchs. Der Zeichner hat ihn exklusiv für das Museum geschaffen. Die gebürtige Rostockerin Fuchs lebte ab 1933 mit ihrem Mann und den zwei Söhnen in Oberfranken. Hier übersetzte sie zunächst Kurzgeschichten und Beiträge für die Zeitschrift *Reader's Digest* aus dem Englischen.

1951 erhielt sie das Angebot, für einen Stuttgarter Verlag »Ami-Hefte« ins Deutsche zu übertragen. Das bedeutete für sie nicht weniger, als zwischen Schwarzenbach und der baden-württembergischen Landeshauptstadt zu pendeln. Ihr Mann, Fabrikbesitzer und Erfinder, – an ihn dachte Erika Fuchs, als sie Daniel Düsentrieb sein berühmtes »Dem Ingeniör ist nichts zu schwör« sagen ließ – bestärkte sie. »So viel anders als Wilhelm Busch ist das nicht«, soll er sie ermutigt haben.

Ausgestellt ist die Kladde, in der die Redakteurin Formulierungen und Redewendungen notierte, aus denen sie ihre durchdachten Dialoge strickte. Daneben stehen ihre

Olympia-Schreibmaschine und eine Lupe, die sie als Sehhilfe nutzte. Zum Handwerkszeug gehörte ein Zeichenzähler – eine Schablone, die anzeigt, wie viele Zeichen und Zeilen in eine Sprechblase passen. In einer Vitrine findet sich ein englischsprachiges Comic, Fuchs' deutsche Version als getippte Liste mit durchnummerierten Sprechblasen. Diese Original-Übersetzung macht deutlich, dass es ihr nicht um wortgetreue Übertragung des Vorbilds, sondern um eine eigene sprachliche Leistung ging. Erika Fuchs selbst beschreibt in einem Video, was ihren Stil ausmachte: Wenn in einer Geschichte viel Feuer vorkomme, müsse sie an Goethes *Faust* denken, sagt sie im Interview. Also lässt sie Donald »Das leuchtet und sprüht und flackert und brennt – ein wahres Hexenelement« sagen. Eine Anlehnung an die Walpurgisnacht-Szene in dem klassischen Drama.

Wie Comics aufgebaut sind, erklärt eine Videostation. Was sind Panels? Welche Funktion erfüllen Sprech- und Denkblasen? Wann sind *Soundwords* wie »Zack«; *Speedlines*, die Tempo darstellen; *Zitterlinien*, die Angst verdeutlichen sollen, angebracht? Wer den spielerischen Umgang mit Sprache liebt, findet hier auf Erika Fuchs' Spuren mannigfache Möglichkeiten, sich auszutoben. Der Zitatwirbler ist eine Wand mit 20 Szenen aus den Walt-Disney-Comics, in die Erika Fuchs Zitate aus klassischen Dramen, Gedichten, Opern, Märchen und Liedern eingeschleust hat. Auf der umklappbaren Rückseite steht die jeweilige Herkunft. Mit dem Wortgenerator lassen sich kinderleicht Wortschöpfungen aus Einzelbausteinen erzeugen. »Algenrotation« könnte dabei zum Beispiel herauskommen oder »Bartstoppelrache«. Erika Fuchs ersann in ihren Comics zahlreiche neue Wörter wie »Atom-Dezimator« und »Gemüsemotten«, taufte revolutionäre Apparate, seltene Krankheiten und unbekannte Länder. Im Onomatopoetischen Kabinett – Onomatopoesie steht für Lautmalerei – gilt es, Wortentsprechungen für Geräusche zu finden. Am Gefühlsinterpreten sind die Besucher aufgefordert, den entsprechenden Gesichtsausdruck zu einer Sprechblase nachzustellen: Der Apparat nimmt ein Foto auf und vergleicht es mit dem Original-Comic. In der Alliterations-Anreiz-Abteilung wiederum dürfen endlose Stabreimketten gebildet werden. Charakterstudien vergleichen die Sprachstile der derben Panzerknacker und des reichen Onkel Dagobert, der distinguiert verlauten ließ: »Ich wollte, der Erdboden öffnete sich und verschlänge mich.«

Den Abschluss der Ausstellung bildet ein Lesesaal mit Comics aus aller Welt, geschmückt mit Spielzeugfiguren des Sammlers und Donaldisten Gerhard Severin. Comics stehen auch jeweils im Mittelpunkt von Sonderausstellungen im Erika-Fuchs-Haus.

Die "Coß"

Mathelehrer der ersten Stunde

A. Ries und V. von Scheffel im Stadtmuseum Bad Staffelstein

Das macht nach Adam Riese … Wer einen Satz so beginnt, will betonen, garantiert richtig gerechnet zu haben. Schließlich hat Adam Ries (1492–1559) – Riese ist die früher gebräuchliche Dativform – vielen Generationen von Handwerkern, Kaufleuten und deren Lehrlingen das Subtrahieren und Dividieren beigebracht. Noch bis ins 18. Jahrhundert verwendeten Schulen seine berühmten Rechenbücher. Seine Heimatstadt Bad Staffelstein würdigt den großen Sohn mit mehreren Denkmälern und einer Abteilung im Stadtmuseum.

Der Kurort liegt inmitten eincs einzigartigen Dreigestirns: Im Norden das ehemalige Benediktinerkloster Banz, im Osten die barocke Wallfahrtsbasilika Vierzehnheiligen und im Süden der 539 Meter hohe Staffelberg mit seiner markanten Felsenkrone. Am Kirchplatz des mittelalterlichen Städtchens findet sich das Stadtmuseum, das sich auf die Spur von Adam Ries und seinem Wirken als Vorfahr der Mathelehrer macht.

Seine frühen Lebensjahre liegen im Dunkeln. Wahrscheinlich besuchte Ries die Elementarschule in Staffelstein und zog später als Rechenmeister durch Thüringen und Sachsen: Wer den Umgang mit Zahlen, Münzen, Maßen und Gewichten beherrschte, war ein gefragter Mann zur damaligen Zeit. Rechnen konnten die wenigsten, und im zersplitterten Heiligen Römischen Reich besaß jedes Fürstentum seine eigenen Maßeinheiten. So betrug eine Elle in Frankfurt 54 Zentimeter, in Nürnberg 66. Es gab Gulden, Mark, Taler, Kreuzer und vieles mehr.

In Erfurt leitete Ries eine Rechenschule, ehe er 1523 nach Annaberg im Erzgebirge zog. Seine dortige städtische Rechenschule brachte es zu Berühmtheit. 1525 ernannte ihn der Herzog zum Rezeßschreiber: In dieser Position war er für die Abrechnungen der einzelnen Gruben im Silber- und Erzbergbau verantwortlich. 1539 stieg Ries zum herzoglichen Hofarithmeticus auf und erwarb die Riesenburg, ein Gut am Rand der Stadt, wo er bis zu seinem Tod lebte.

In seinem ersten Buch, erschienen 1518, erklärt Ries in deutscher Sprache die *Rechenung auff der linihen*: Gemeint ist das Rechenbrett, auf dem Linien für Einer, Zehner, Hunderter und Tausender angebracht sind. Um mathematische Operationen durchzuführen, musste der Benutzer Pfennige auf diesem Brett verschieben – Mu-

Büste von Adam Ries vor seinen Werken im Stadtmuseum Bad Staffelstein

seumsbesucher können das an einem Rechenbrett selbst ausprobieren. Eine Gipsbüste des Meisters schaut ihnen dabei aufmerksam zu. In der benachbarten Vitrine stehen seine Rechenbücher, darunter auch sein zweites Werk *Rechenung auff der linihen und federn …* von 1522. Neben dem Rechenbrettverfahren erklärt es zusätzlich das schriftliche Rechnen mit arabischen Zahlen. Es enthält obendrein zahlreiche Beispiele aus dem Alltag der Kaufleute und Handwerker und wurde zu Ries' Lebzeiten mehr als 120-mal aufgelegt. Ebenfalls an das einfache Volk wandte sich Ries 1550 mit seinem umfassendsten Werk, der sogenannten *Practica*. Es ist stark an den Bedürfnissen des täglichen Lebens orientiert. Außerdem gab der Umtriebige Nachschlagewerke mit Tabellen für die Berechnung gebräuchlicher Preise heraus – damit die einfachen Bürger beim Brotkauf nicht betrogen würden – und die *Coß*. Letztere ist ein mehr als 500 Seiten umfassendes Lehrbuch der Algebra: »Coß« war der im Mittelalter übliche Name für die Variable oder Unbekannte.

Ries entwickelte keine neuen mathematischen Verfahren, setzte aber alles daran, den einfachen Bürgern ein Grundverständnis zu vermitteln. »Für den gemeynen Mann nützlich habe ich nach gantzem Fleiß gesetzt, damit der arme, gemeine Mann nicht übersetzt werde«, schrieb er, wobei »übersetzen« im damaligen Sprachgebrauch »betrügen« bedeutet. Seine große Sorgfalt zeigt sich daran, dass in seinen Büchern auch später keine gröberen Fehler nachgewiesen werden konnten.

Literarisch interessant ist eine weitere Abteilung des Stadt-

Eine Statuette Victor von Scheffels im Stadtmuseum Bad Staffelstein, im Hintergrund der Staffelberg

museums: das Obergeschoss, das Joseph Victor von Scheffel (1826–1886) gewidmet ist. Der badische Jurist und Schriftsteller – einer der beliebtesten Autoren seiner Zeit – verbrachte zwar nur wenige Monate in der Umgebung von Staffelstein. Das reichte jedoch aus, dass er den Ort in seinem Frankenlied unsterblich machte. Ausgestellt sind Ausgaben seiner vielgelesenen Werke, darunter das epische Gedicht *Der Trompeter von Säckingen* und der historische Roman *Ekkehard*, die Balladen- und Liedersammlung *Gaudeamus!* und der Gedichtzyklus *Waldeinsamkeit*. Scheffel verkaufte schon zu Lebzeiten so viele Bücher wie vor ihm nur Johann Wolfgang von Goethe, Friedrich Schiller und Heinrich Heine. Zu seinem 50. Geburtstag erhob ihn der Großherzog von Baden in den Adelsstand.

Um einen großen Roman zu verfassen, der die Entstehung des Nibelungenlieds und den Sängerkrieg auf der Wartburg schildern sollte, logierte der Autor 1859 bei Wirtsleuten im nahen Schloss Banz. Von diesem Romanprojekt verwirklichte er jedoch letztlich nur die beiden Erzählungen *Frau Aventiure. Lieder aus Heinrich von Ofterdingens Zeit* (1863) sowie *Juniperus. Geschichte eines Kreuzfahrers* (1868).

Von Banz aus unternahm Scheffel Wanderungen und besuchte mehrmals den Eremiten Ivo Hennemann, der als Klausenwirt auf dem Staffelberg lebte. Davon inspiriert, dichtete Scheffel die sechs Strophen des Frankenlieds, das mit den Worten »Wohlauf, die Luft geht frisch und rein« beginnt. Der Würzburger Stadtkämmerer und Komponist Valentin Eduard Becker (1814–1890) vertonte das Gedicht, in dem es heißt: *»Zum heil'gen Veit von Staffelstein / komm ich empor gestiegen, / und seh' die Lande um den Main / zu meinen Füßen liegen. / Von Bamberg bis zum Grabfeldgau / umrahmen Berg und Hügel / die breite stromdurchglänzte Au. / Ich wollt', mir wüchsen Flügel«*.

Das meiste, was im Museum zu sehen ist – Büsten, Porträts, Scheffel-Devotionalien wie Bierkrüge, Spielkarten und Scheffel-Lampe –, hat der Scheffel-Verehrer Philipp Badum bereits gegen Ende des 19. Jahrhunderts zusammengetragen. Der pensionierte Bezirksamtmann verfolgte überdies den Plan, ein steinernes Scheffel-Monument oben auf dem Staffelberg zu errichten. Gegen Kritiker, die eine Verschandelung der Landschaft befürchteten, konnte er sich jedoch nicht durchsetzen.

EBERS'S DICTIONARY
GERMAN&ENGLISH
VOL. I.
EBERS'S DICTIONARY
GERMAN&ENGLISH
VOL. II.
EBERS'S DICTIONARY
VOL. I.
EBERS'S DICTIONARY
ENGLISH&GERMAN
VOL. II.
GERMAN&ENGLISH
VOL. III

Belesen in 44 Sprachen

Friedrich-Rückert-Wohnhaus in Coburg-Neuses

»Leb wohl! Wohin du schwebest, du wirst mir nicht entschweben, Wirst mich ein Hauch, ein Schatten, ein Licht, ein Duft, umweben.« Diese poetischen und traurigen Worte fand der Dichter und Orientalist Friedrich Rückert zum Tod seines kleinen Sohnes Ernst. Und nicht nur diese. Mit mehr als 400 Kindertotenliedern verabschiedete sich Rückert von seinen zwei Jüngsten, der dreieinhalbjährigen Luise und dem fünfjährigen Ernst. Beide waren kurz nach Weihnachten 1833 innerhalb von 16 Tagen an Scharlach gestorben. Er habe sich geschworen, ihr Leben »fort zu dichten«, so Rückert: »Daß mir nichts es kann vernichten.« Später vertonte Gustav Mahler einige der berührenden Gedichte.

Die Porträts der Kinder hängen noch heute auf Gut Nattermannshof in Coburg-Neuses. 1838 kaufte der weltgewandte Sprachforscher, Poet und Übersetzer Rückert seinem Schwiegervater das Anwesen ab. Mit Unterbrechungen lebte er dort bis zu seinem Tod 1866. Das Besondere: Der geräumige Gutshof ist noch immer im Besitz seiner Nachkommen. Er dient nicht nur als Wohnhaus, sondern auch als Museum. Klaus Rückert, Ur-Ur-Enkel des Dichters, und seine Frau Christel haben das Haus denkmalgerecht restauriert und zeigen es Literaturinteressierten nach Anmeldung. Zwar war seit den Zeiten des dichtenden Ahnen vieles unangetastet geblieben, dennoch wartete eine Menge Arbeit auf sie. Mehrere Schichten Tapeten und Fußbodenbelag mussten Christel und Klaus Rückert entfernen, um das Biedermeierzimmer, einen repräsentativen Aufenthaltsraum, in den Zustand des 19. Jahrhunderts zurückzuversetzen. Heute ist es in sogenanntem Schweinfurter Grün tapeziert. Die Farbe wählten die Rückerts als Hommage an die Stadt, in der Friedrich Rückert 1830 zur Welt kam. Nach Stationen in Oberlauringen, Ebern und Erlangen studierte der Wissensdurstige in Würzburg erst Jura, dann Philologie und Philosophie. In der Stadt am Main veröffentlichte Rückert anonym erste Sonette, in denen er sich gegen die napoleonische Besatzung Deutschlands aussprach. Nach einer Zeit als Privatgelehrter arbeitete Rückert von 1815 bis 1817 in Stuttgart als Redakteur für Cottas *Morgenblatt für gebildete Stände*. Die Württemberger wiesen ihn jedoch wegen seiner Kleidung, Haartracht und Verbindungen zur Freimaurerei aus. Entscheidend wurde ein Wien-Aufenthalt im Jahr

Rückerts Stehpult mit Porträt seines Sohnes Ernst im Rückert-Wohnhaus

1819. Der Orientalist Joseph von Hammer-Purgstall (1774–1856), den Rückert auf dem Heimweg von einer Italienreise besuchte, weckte in ihm die Begeisterung für das Morgenland. Fortan sollte sich Rückert den orientalischen Ländern und ihren Kulturen widmen.

Die Residenzstadt Coburg, in der er sich 1820 niederließ, war ideal, um Studien zu treiben. Hier durfte er nicht nur die reichhaltige Hofbibliothek des Herzogs benutzen. Er profitierte auch von dessen Beziehungen zum britischen Königshaus: 1816 hatte Prinz Leopold von Coburg die Prinzessin Charlotte Augusta von Wales geheiratet. Leopolds Berater Christian Friedrich Stockmar versorgte Rückert von London aus mit Büchern, die sich mit entlegenen Orten im britischen Kolonialreich befassten. In Coburg heiratete der Dichter 1821 Luise Wiethaus-Fischer. Zehn Kinder sollte das Paar gemeinsam haben. 1826 wurde Rückert Professor für orientalische Sprachen in Erlangen, 1841 rief ihn König Friedrich Wilhelm IV. von Preußen an die Berliner Universität. Rückert, der sich in Berlin nie heimisch fühlte, kam es entgegen, dass er nur im Wintersemester unterrichten musste. Die Sommer verbrachte er ab sofort auf Gut Nattermannshof. Nach dem Ende der akademischen Karriere 1848 verlegte sich Rückert auf private Studien sowie die Dichtung und wohnte bis zu seinem Tod mit seiner Familie in Neuses. Nebenan auf dem Kirchhof liegt er mit seiner Frau Luise begraben. Hinter dem Haus und dem Biedermeiergarten erstreckt sich ein öffentlicher Park, in dem seit 1866 ein monumentales Denkmal den Orientalisten würdigt.

Im Gutshaus findet sich heute noch ein Tischchen, das Rückert von Bayerns König Ludwig I. ver-

Rückert-Silhouette vor dem Gartenhaus des Dichters

ehrt worden war. »Das macht den Charme aus«, sagt Christel Rückert über das Leben mit den Zeitzeugnissen. Manches, wie ein Sekretär, ist nach wie vor in Benutzung, anderes, wie Rückerts Arbeitszimmer, bleibt unangetastet. Hier stehen neben Original-Handschriften die Bücher aus dem Besitz des Autors. Ins Auge fällt ein enormes Stehpult. Rückert war fast zwei Meter groß. Dennoch nannte ihn seine Tochter Luise – so Rückert in den *Kindertotenliedern* – den »Kleinpapa«. Sie musste ihn ja vom Großpapa unterscheiden.

Ein Großer der Literaturgeschichte ist Rückert weniger wegen seiner Biedermeier-Lyrik. Vielmehr sind es zahlreiche Schriften, in denen er den Europäern den Orient näherbrachte. Großen Anklang fand sein sechsbändiges Lehrgedicht *Die Weisheit des Brahmanen*. Er übertrug die Gedichte des persischen Poeten Rumi (1207–1273) und machte die orientalische Gedichtform der Ghasele populär. Das Ausnahmetalent beherrschte 44 Sprachen, darunter Hebräisch, Arabisch, Berberisch und das in Südindien gesprochene Telugu. Nur drei Wochen benötigte er, um Persisch zu lernen. »Weltpoesie allein ist Weltversöhnung«, schrieb der Kosmopolit Rückert, zu dessen Freundeskreis der Dichter August von Platen und der Philosoph Friedrich Schelling zählten. Im großen quadratischen Zettelkasten, wo Rückert seine Gedanken notierte, liegt bis heute noch eine einzelne Notiz – halb deutsch, halb litauisch. Darüber klebt ein Schwalbennest an der Wand, das aus Zeiten des Dichters stammt. Rückert soll das Zimmer wochenlang nicht betreten haben, um die brütenden Vögel nicht zu stören. Er widmete ihnen das *Schwalbenlied*.

Wollte er sich zurückziehen, weilte Friedrich Rückert in seinem Dichterhäuschen. Am Ortsrand von Neuses hatte er es 1846 bauen lassen – auch, um seinem Vorbild Johann Wolfgang von Goethe nachzueifern, der im Weimarer Ilmpark ein Gartenhaus besaß. Eine Allee führt vom Dorf zum Haus auf einer bewaldeten Anhöhe namens Goldberg. Auch dieser Gedenkort ist im Familienbesitz geblieben. Die Nachfahren Ulrike und Horst Rückert haben das Gartenhaus restauriert und mit Gemälden und Möbeln aus der Zeit des Autors ausgestattet – etwa einem Stuhl, von dem noch eine alte Fotografie mit einem Diener Rückerts existiert. Sie nutzen das Haus selbst, präsentieren es aber gerne nach Absprache.

Hinter dem Goldberghäuschen ist an einem Baum ein Schild mit einem Scherenschnitt des Dichters befestigt. Es ist das Wegzeichen des Rückert-Wanderwegs, der auf den Spuren des Autors von Schweinfurt nach Coburg führt.

Sammler mit System

Museum Otto Schäfer in Schweinfurt

Gedruckte Bücher gab es schon vor Johannes Gutenberg (1400–1468) und seinen beweglichen Lettern: Es waren sogenannte Blockbücher, deren Herstellung allerdings unendlich mühsam war. Für die Druckvorlage mussten Text und Bild seitenverkehrt in Holztafeln geschnitten werden. Die wenigen erhaltenen Blockbücher gehören heute zu den gefragtesten Druckwerken überhaupt.

Einige dieser wertvollen Bildbände bewahrt das Museum Otto Schäfer auf – eine wahre Schatzkammer in einem Schweinfurter Wohngebiet. Zum Beispiel das Werk *Die sieben Planeten*, hergestellt in Basel um das Jahr 1465. Jedem Wochentag ordnet dessen unbekannter Autor einen Planeten zu, der über das Schicksal der jeweiligen Geburtstagskinder bestimmt. So kommt auf einer Seite des Blockbuches Venus selbst zu Wort, auf der nächsten sind ihre tanzwütigen und liebestollen Kinder dargestellt.

Noch viel mehr Preziosen lagern in den Vitrinen und Magazinregalen des funktionalistischen 60er-Jahre-Baus. Das Museum gehört zum Beeindruckendsten, was Freunde wertvoller Bücher in Bayern entdecken können. Besonders faszinierend ist, dass die Sammlung auf einen einzelnen Privatmann zurückgeht: Der Schweinfurter Industrielle Otto Schäfer (1912–2000) verbrachte ein halbes Leben mit dem Zusammentragen kostbarer Bücher. Dabei hatte er sich zunächst hauptsächlich der Druckgrafik verschrieben. Seine große Liebe galt Albrecht Dürer. Erste Originalblätter des Nürnberger Meisters kaufte Schäfer, als er als 15-Jähriger mit seiner Mutter einen Kunsthändler in Hammelburg besuchte. Im Verlauf seiner Sammlerkarriere trug er Dürers druckgrafisches Werk fast vollständig zusammen. Zum Bestand des Museums gehören 340 Blatt Druckgrafiken – darunter der früheste Abzug des Kupferstiches *Adam und Eva* – sowie fünf Buchausgaben – unter anderem Dürers *Passionen*.

Schon bald stellte Schäfer fest, dass die schönsten Grafiken in Büchern zu finden waren. So erstand er in München 1951 für 400 Mark mit einer Ausgabe der Weltchronik von Hartmann Schedel aus dem Jahr 1493 sein erstes illustriertes Buch. Es wurde zum Grundstein für eine der bedeutendsten europäischen Privatbibliotheken des 20. Jahrhunderts. 1989 gründete Schäfer eine Stiftung, welche die komplette Sammlung übernahm. 2017 ging

Blick ins Museum Otto Schäfer mit der Büste des Namensgebers und Begründers

Im Magazin der Bibliothek Otto Schäfer

sie schließlich als Schenkung an die Stadt Schweinfurt. Bereits seit 1991 besteht das Museum im ehemaligen Wohnhaus des Sohnes Otto G. Schäfer (1937–2017) und seiner Frau Hannelore. Die weitläufigen Schauräume und der Lesesaal neben den Magazinräumen können zu den Öffnungszeiten besichtigt werden. Führungen werden für Gruppen oder Schulklassen angeboten. Bis 2021, so ist geplant, soll das Museum in das neue *Kulturforum Martin-Luther-Platz* umziehen.

Herzstück der Schäfer-Bibliothek ist der einzigartige Bestand an illustrierten Büchern des 15. bis 20. Jahrhunderts. Er umfasst, nachdem die Stiftung in der Vergangenheit einige Bände verkauft hat, 800 Titel. Knapp 500 davon entstanden vor 1600. Vom Nürnberger Hans Sachs ist das *Ständebuch* von 1568 erhalten, das verschiedene Berufe vorstellt. Der Schuster und selbstbewusste Anhänger der Reformation verfasste insgesamt rund 6.000 Texte. Das Museum beherbergt außerdem das *Buch der Natur* (1475) des gelehrten Regensburger Domherren Konrad von Megenberg, das Tiere, Pflanzen und Mineralien zeigt, aber auch Fabelwesen wie Meerjungfrauen. Ebenso den *Theuerdank* (1517): Deutschlands erstes bibliophiles Buch, in dem Kaiser Maximilian I. selbst über seine Abenteuer berichtete, ist in einer eigens für dieses Werk entwickelten Type gedruckt. Von Sebastian Brants *Das Narrenschiff*, einem Bestseller der frühen Druckzeit, ist eine Ausgabe von 1497 vorhanden: Das Buch erzählt von 112 Narren mit menschlichen Schwächen und Unzulänglichkeiten, die eine gemeinsame Schiffsreise ins Land

Narragonien unternehmen. Die zugehörigen Holzschnitte werden Albrecht Dürer zugeschrieben. Der einzige Luxusdruck eines Werks von Johann Wolfgang von Goethe, der zu Lebzeiten des Dichters entstand, ist ebenfalls im Bestand zu finden: *Das römische Carneval.* Der Dichterfürst veröffentlichte das Werk mit handkolorierten Radierungen 1789, drei Jahre nach seiner großen Italienreise. Einen Schwerpunkt der Sammlung bilden Totentanzdarstellungen, auch modernere Versionen der zeitlosen Thematik – etwa von Grafiker HAP Grieshaber (1909-1981).

1961 kaufte Otto Schäfer die Privatbibliothek des Londoner Kunsthändlers Fritz Herbert Rothmann (1893–1983) und legte damit den Grundstock für eine zweite Büchersammlung, die sich auf Erstausgaben deutscher Literatur von 1600 bis 1850 konzentrierte. Werke von Autoren wie Gotthold Ephraim Lessing, Christoph Martin Wieland, Johann Wolfgang von Goethe, Ludwig Tieck, Jean Paul, E. T. A. Hoffmann und Heinrich Heine sind Schwerpunkte der Kollektion, die 5.100 Bände zählt. Besonderen Wert legte Schäfer darauf, Bücher mit Originaleinband zu bekommen. Vielfach haben die Werke berühmte Vorbesitzer, beispielsweise Kurfürst August von Sachsen, Kaiser Rudolf II., Christian Ernst Graf zu Stolberg-Wernigerode, Erzherzogin Sophie von Österreich oder der bekannte Schweizer Bibliophile Martin Bodmer (1899–1971). Die Handbibliothek im Untergeschoss umfasst mit 13.000 Titeln nahezu alles, was an Gedrucktem zum Thema Buch, Buchkunde, Umschläge, Illustrationen und Grafik existiert.

Wenn schon sammeln, dann mit System, sagte sich Schäfer. So benutzte er stets Nachschlagewerke, Werkverzeichnisse und Bibliografien. Systematisch zog er etwa das Standardwerk *Le Peintre Graveur* von Adam von Bartsch (1757–1821) beim Aufbau seiner Bibliothek zu Rate. Wer die endlosen Reihen von Auktionskatalogen durchschreitet, sieht möglicherweise im Geiste den Sammler selbst vor sich, wie er auf Zugfahrten Kataloge wälzte und Notizen machte. Schäfer, der für die elterliche Firma *Kugelfischer Georg Schäfer & Co.* in den 1930er-Jahren ein Zweigwerk im britischen Wolverhampton aufbaute, sprach in einer Rede von der prickelnden Vorfreude, die das Eintreffen eines neuen Katalogs stets aufs Neue bei ihm hervorrufe.

Neben Schäfers Sammlung beherbergt das Museum auch die ehemalige Sakristeibibliothek der evangelischen Kirchengemeinde Sankt Johannis, die Reichsstädtische Bibliothek Schweinfurts sowie die Büchersammlung der Medizinerfamilie Bausch und ihrer Nachfahren.

Literaturhaus
Wipfeld

Schneider ließ die Köpfe rollen

Literaturhaus Wipfeld

Genießer schätzen den *Wipfelder Zehntgraf*, den hiesigen Frankenwein mit fruchtiger Note. Reisende kennen die Mainfähre, die Wipfeld mit dem neoromanischen Kloster Sankt Ludwig verbindet. Dass der 1.100-Einwohner-Ort auch eine Top-Adresse für Freunde des geschriebenen Wortes ist – wer hätte das gedacht? Das Literaturhaus, eröffnet 2009 im ehemaligen Baderhaus, soll Lust auf Lesen machen. Dafür sorgen die Bücherlounge im Erdgeschoss und das Programm mit Ausstellungen, Schreibseminaren, Konzerten und Lesungen.

Literatur ist in Wipfeld schon lange ein großes Thema: Das zeigen Audiostationen, Schautafeln, Gemälde und Bücher im ersten Stock des Fachwerkbaus. Sie stellen vier ganz unterschiedliche Wipfelder vor. Allen voran Winzersohn Conrad Celtis (1459–1508), der 18 Jahre in seinem Geburtsort lebte, ehe er auf Reisen ging und als Poet und Forscher ein wichtiger Vertreter des deutschen Humanismus wurde. Zu Celtis' lateinischen Werken zählen Gedichte, eine kommentierte Ausgabe der Gedichte Hrotsvit von Gandersheims und ein Stadtporträt von Nürnberg. In deutscher Übersetzung ist im Literaturhaus seine *Ode an Apoll* von 1486 zu hören. Ebenso der deftige Prosatext *Als er beinahe mit Ursula erwischt wurde und fliehen musste*. Er stammt aus Celtis autobiografischem Hauptwerk *Quattuor libri amorum* von 1502 und ist mit »Keine Jugendfreigabe« gekennzeichnet.

Ebenfalls wenig zimperlich trat der Wipfelder Franziskanermönch Eulogius Schneider (1756–1794) auf, der zunächst Kirchenlieder, später revolutionäre Schriften verfasste. Als Ankläger im Dienste der Französischen Revolution ließ er – wie er sich ausdrückte – »Köpfe vom Rumpfe fallen«. Mit 38 Jahren fiel er selbst bei den Herrschern in Ungnade und wurde in Paris enthauptet.

Ganz anders der fromme Augustinermönch Engelbert Klüpfel (1733–1811), der ein Standardwerk zur Dogmatik veröffentlichte und Celtis mit einer Biografie bekannt machte.

Dorfschultheiß Nikolaus Müller (1758–1833) schrieb praktische Abhandlungen über Beamtenwesen, Weinhandel und Schnapsbrennerei. Als Einziger der vier blieb er im Ort. Er gründete auf der gegenübergelegenen Mainseite 1811 das Ludwigsbad, dessen Schwefelquellen bis zu seiner Aufgabe 1901 Kurgäste anzogen.

Emil und die Detektive
Erich Kästner Zeitung

Menschenfreund mit Hut

Erich-Kästner-Bibliothek in Oberschwarzach

An der Heizung baumelt ein Regenschirm. Auf dem Boden liegt ein beiger Reisekoffer, darauf ein leicht eingedrückter brauner Stetson-Hut. Wer diese Habseligkeiten betrachtet, dem kommt Erich Kästner in den Sinn, wie er 1945 durch das zerbombte München streifte. Die Nazis hatten erst seine Bücher verbrannt, später ganz Europa zugrunde gerichtet. Der Mann mit dem Hut sah es als seine Aufgabe, an einem friedlicheren, humaneren Deutschland mitzuwirken.

Die Erich-Kästner-Bibliothek in Oberschwarzach beherbergt zwischen vielen Büchern Kästners quadratischen Schreibtisch mit seiner Brille und seine kompakte Schreibmaschine. Auf ihr und ihren Vorgängerinnen tippte der gebürtige Dresdner seine pointierten satirischen Verse, zeitkritische Essays und Reportagen, den tragischen Berlin-Roman *Fabian*, seine Stücke und die weltberühmten Kinderbücher. *Emil und die Detektive*, *Das doppelte Lottchen* und *Das fliegende Klassenzimmer* beflügeln bis heute die Fantasie.

Dass Kästners Möbel und die Bibliothek aus seinem letzten Münchner Haus in einem unterfränkischen Kinderdorf stehen, verwundert. Der Schriftsteller hatte der heilpädagogischen Einrichtung 1974 kurz vor seinem Tod per Telegramm die Verwendung seines Namens erlaubt. Doch dass Kästners Lebensgefährtin Luiselotte Enderle (1908–1991) später dem Kinderdorf testamentarisch das gesamte Hausinventar vermachen sollte, damit hatte niemand gerechnet. Es solle »zur Pflege des Namens Erich Kästner und der geistigen und körperlichen Pflege der Kinder« verwendet werden. So beluden die Sozialarbeiter Lastwagen mit Möbeln und rund 10.000 Büchern und eröffneten 1994 die Bibliothek.

Manche der Bände sind zerlesen, enthalten Notizen, in anderen stecken Einkaufszettel oder Briefchen, die sich Enderle und Kästner schrieben. Eines trägt eine Widmung des Kästner-Freundes Carl Zuckmayer – »dein oller Zuck«. Kästner-Erstausgaben und Übersetzungen in viele Sprachen ergänzen inzwischen die Bibliothek, die auch Veranstaltungsort ist. Kinder- und Jugendbuchautoren wie Paul Maar, Klaus Kordon oder Liedermacher Rolf Zuckowski treten hier auf. Die Bibliothek steht allen offen – Anmeldung genügt. Wer möchte, kann einfach ein bisschen schmökern und dazu in Kästners kariertem Ohrensessel Platz nehmen.

55 *Vogelweide auf einem Steine*

Lusamgärtlein in Würzburg

Geheimtipp für alle, die der Liebeskummer plagt: Eine Rose auf das Grab des Walther von der Vogelweide (um 1170 – um 1230) im Würzburger Lusamgärtlein legen. Ist die Rose verblüht, so heißt es, ist auch der Liebeskummer vergangen. Kenner raten daher, eine bereits angewelkte Rose auf dem Stein zu platzieren.

Mit der Liebe und ihren Freuden und Leiden kannte sich der mittelhochdeutsche Poet aus. Ein Leben lang zog er von Hof zu Hof und besang die Frauen. Minnelieder wie *Under der linden* oder *Herzeliebez vrouwelin* berühren noch heute. Aber auch politische Themen wie die Kreuzzüge und den Konflikt zwischen Kaiser und Papst behandelte Walther, dessen Herkunft unbekannt ist. In der Strophe »Ich saz ûf eime steine« klagt der Dichter über die Rechtsunsicherheit und Gewalt allerorten. Zahlreiche Minnelieder, ein Leich – eine große Lieddichtung – sowie Sangsprüche sind von ihm überliefert.

Etliche davon finden sich in der berühmten Liederhandschrift *Codex Manesse*. So auch das Gedicht *Ich hân mîn lêhen*, in dem sich Walther begeistert über das Ende seines unsteten Lebens zeigte: Er hatte ein Haus oder Stück Grund von Kaiser Friedrich II. bekommen, möglicherweise bei Würzburg gelegen. Ob er wirklich bei der dortigen Neumünsterkirche bestattet liegt, wie um 1350 behauptet wurde, ist nicht klar. Im Lusamgärtlein, dem Innenhof an der Nordseite der Neumünsterkirche, findet sich heute ein Grab als Gedenkstätte. Es wurde 1930 zum angenommenen 700. Todestag des galanten Sängers angelegt.

Neben dem Denkmal steht noch ein Flügel eines romanischen Kreuzgangs aus dem 11. und 12. Jahrhundert mit jeweils individuell gestalteten Säulen. Er wurde im Zweiten Weltkrieg zerstört, anschließend wiederaufgebaut. Auf dem Grabstein ist eine Inschrift zu lesen, die einem Zeitgenossen Walthers zugeschrieben wird: »Her Walther von der Vogelweide, swer des vergaeze, der taet mir leide.« Der Gedenkstein hat vier Mulden, in die Körner und Wasser gefüllt werden können. Angeblich hat Walther von der Vogelweide selbst verfügt, dass an seinem Grab täglich Vögel gefüttert werden sollen. »Lusam« kommt übrigens von alemannisch »lusen« für »ausruhen« – »chillen« würde man auf Neudeutsch sagen. Tatsächlich ist das Gärtlein eine Oase der Ruhe.

Einem Grab nachempfunden ist die Gedenkstätte für Walther von der Vogelweide im Lusamgärtlein

Adressen

Beitrag 1:

Monacensia im Hildebrandhaus • Maria-Theresia-Straße 23 • 81675 München • 0 89 / 4 19 47 20 • www.muenchner-stadtbibliothek.de/monacensia

Beitrag 2:

Bayerische Staatsbibliothek • Ludwigstraße 16 • 80539 München • 0 89 / 28 63 80 • www.bsb-muenchen.de

Beitrag 3:

Internationale Jugendbibliothek • Schloss Blutenburg • Seldweg 15 • 81247 München • 089 / 8 91 21 10 • www.ijb.de

Beitrag 4:

Literaturhaus München • Salvatorplatz 1 • 80333 München • 0 89 / 2 91 93 40 • www.literaturhaus-muenchen.de

Beitrag 5:

Bibliothek des Deutschen Museums • Museumsinsel 1 • 80538 München • 0 89 / 2 17 92 24 • www.deutsches-museum.de/bibliothek

Beitrag 6:

NS-Dokumentationszentrum München • Max-Mannheimer-Platz 1 (ehemals Brienner Straße 34) • 80333 München • 0 89 / 23 36 70 00 • www.ns-dokuzentrum-muenchen.de

Beitrag 7:

Antiquariat J. Kitzinger • Schellingstraße 25 • 80799 München • 0 89 / 28 35 37 • www.antiquariat-kitzinger.de

Beitrag 8:

Auktionshaus Hartung & Hartung • Karolinenplatz 5 a • 80333 München • 0 89 / 28 40 34 • www.hartung-hartung.de

Beitrag 9:

Gröbenzeller Bücherflohmarkt • Wildmooshalle • Wildmoosstraße 36 • 82194 Gröbenzell • www.groebenzeller-buecherflohmarkt.de

Beitrag 10:

Schloßmuseum Murnau • Schloßhof 2–5 • 82418 Murnau am Staffelsee • 0 88 41 / 47 62 01 • www.schlossmuseum-murnau.de

Beitrag 11:

Ludwig-Thoma-Haus • Auf der Tuften 12 • 83684 Tegernsee • 0 80 22 / 53 82 • www.ludwig-thoma-haus.byseum.de

Beitrag 12:

Buchcafé am Gleis 1 • Südtiroler Platz 1 a • 83022 Rosenheim • 0 80 31 / 8 07 93 30 • www.caritas-rosenheim.de

Beitrag 13:

Dokumentationsstätte Marieluise Fleißer • Kupferstraße 18 • 85049 Ingolstadt • 08 41 / 3 05 18 85 • www.ingolstadt.de/stadtmuseum

Beitrag 14:

Bastionsgarten der Willibaldsburg (zugänglich in den Sommermonaten) • Burgstraße 19 • 85072 Eichstätt • 0 84 21 / 47 30

Beitrag 15:

Staats- und Stadtbibliothek Augsburg • Schaezlerstraße 25 • 86152 Augsburg • 08 21 / 7 10 13 27 39 • www.sustb-augsburg.de

Beitrag 16:

Brechthaus • Auf dem Rain 7 • 86152 Augsburg • 08 21 / 32 40

Beitrag 17:
Staatliche Bibliothek Neuburg an der Donau • Karlsplatz A 17 • 86633 Neuburg an der Donau • 0 84 31 / 91 06 • www.sbnd.de

Beitrag 18:
Lesecafé cafe-buch.de • Weinmarkt 4 • 86720 Nördlingen • 0 90 81 / 80 54 78

Beitrag 19:
Stadtmuseum Kaufbeuren • Kaisergäßchen 12–14 • 87600 Kaufbeuren • 0 83 41 / 9 66 83 90 • www.stadtmuseum-kaufbeuren.de

Beitrag 20:
Benediktinerabtei Ottobeuren • Sebastian-Kneipp-Straße 1 • 87724 Ottobeuren • 0 83 32 / 79 80 • www.abtei-ottobeuren.de

Beitrag 21:
Ehemaliges Benediktinerkloster Sankt Mang • Lechhalde 3 • 87629 Füssen

Weitere Informationen erhalten Sie beim Museum der Stadt Füssen • Lechhalde 3 • 87629 Füssen • 0 83 62 / 90 31 46 • www.stadt-fuessen.de/museum.html

Beitrag 22:
books – Bücher & Café • Hugo-von-Königsegg-Straße 12 • 87534 Oberstaufen • 0 83 86 / 24 69 • www.bookscafe.de

Beitrag 23:
Ehemals Reichsstädtische Bibliothek • Reichsplatz • 88131 Lindau • 0 83 82 / 2 74 74 70

Beitrag 24:
document Keplerhaus • Keplerstraße 5 • 93047 Regensburg • 09 41 / 5 07 34 42

Beitrag 25:
Fürst Thurn und Taxis Hofbibliothek • Emmeramsplatz 5 • 93047 Regensburg • 09 41 / 5 04 80 • www.hofbibliothek.thurnundtaxis.de

Beitrag 26:
Literaturcafé Spiegelgasse • Spiegelgasse 8 • 93047 Regensburg • 01 76 / 65 56 69 87

Beitrag 27:
Literaturarchiv Sulzbach-Rosenberg • Literaturhaus Oberpfalz • Rosenberger Straße 9 • 92237 Sulzbach-Rosenberg • 0 96 61 / 8 15 95 90 • www.literaturarchiv.de

Beitrag 28:
Stiftsbibliothek der Zisterzienserinnen-Abtei Waldsassen • Basilikaplatz 2 • 95652 Waldsassen • 0 96 32 / 92 00 25 • www.abtei-waldsassen.de

Beitrag 29:
Museum Fressendes Haus • Weißenstein 16 • 94209 Regen

Weitere Informationen erhalten Sie bei der Tourist-Information Regen • Schulgasse 2 • 94209 Regen • 0 99 21 / 6 04 26 • www.regen.de

Beitrag 30:
Benediktinerabtei Metten • Abteistraße 3 • 94526 Metten • 09 91 / 9 10 80 • www.kloster-metten.de

Beitrag 31:
Ein guter Startpunkt für die Wanderung auf dem Adalbert-Stifter-Wanderweg ist das Rosenberger Gut mit dem Museum »Stifter und der Wald« • Lackenhäuser 146 • 94089 Neureichenau-Lackenhäuser • 0 85 83 / 9 79 00 33 (Museum)

Beitrag 32:
Emerenz-Meier-Haus • Dorfplatz 9 • 94065 Waldkirchen-Schiefweg • 08581/989190 • www.born-in-schiefweg.de

Beitrag 33:
Staatliche Bibliothek Passau • Michaeligasse 11 • 94032 Passau • 0851/7564400 • www.staatliche-bibliothek-passau.de

Beitrag 34:
Literaturcafé im Röcklturm • Isarpromenade 2 • 84028 Landshut • 0871/9740474 • www.literaturcafe-landshut.de

Beitrag 35:
Burg Prunn • Schloßprunn 1 • 93339 Riedenburg • 09442/3323 • www.burg-prunn.de

Beitrag 36:
Germanisches Nationalmuseum • Kartäusergasse 1 • 90402 Nürnberg • 0911/13310 • www.gnm.de

Beitrag 37:
Albrecht-Dürer-Haus • Albrecht-Dürer-Straße 39 • 90403 Nürnberg • 0911/2312568 • www.museen.nuernberg.de/duererhaus

Beitrag 38:
Museum Industriekultur • Äußere Sulzbacher Straße 62 • 90941 Nürnberg • 0911/2313875 • www.museen.nuernberg.de/museum-industriekultur

Beitrag 39:
Der Irrhain des Pegnesischen Blumenordens befindet sich zwischen Lachfelderstraße und Kothbrunngraben in 90427 Nürnberg

Weitere Informationen erhalten Sie beim Pegnesischen Blumenorden • Lenbachstraße 5 • 90489 Nürnberg • 0911/536396 • www.blumenorden.de

Beitrag 40:
Museum Wolfram von Eschenbach • Wolfram-von-Eschenbach-Platz 9 • 91639 Wolframs-Eschenbach • 09875/975534

Beitrag 41:
Buchhandlung Zum Grünen Baum • Ledermarkt 7 • 91550 Dinkelsbühl • 09851/9402 • www.buch-bauer-dinkelsbuehl.de

Beitrag 42:
Markgrafenmuseum Ansbach • Kaspar-Hauser-Platz 1 • 91522 Ansbach • 0981/9775056

Beitrag 43:
Erlanger Poetenfest • Schlossgarten • 91054 Erlangen

Weitere Informationen erhalten Sie beim Kulturamt der Stadt Erlangen • Abteilung Festivals und Programme • Gebbertstraße 1 • 91052 Erlangen • 09131/861408 • www.poetenfest-erlangen.de

Beitrag 44:
Staatsbibliothek Bamberg • Neue Residenz • Domplatz 8 • 96049 Bamberg • 0951/955030 • www.staatsbibliothek-bamberg.de

Beitrag 45:
E. T. A. Hoffmann-Haus • Schillerplatz 26 • 96047 Bamberg • 0951/9684493 • www.etahg.de/de/etahaus

Beitrag 46:
Antiquariat Dieter Zipprich • Obere Dorotheenstraße 5 a • 96049 Bamberg • 09 51 / 50 99 32 00 • www.antiquariat-zipprich.de

Beitrag 47:
Jean-Paul-Museum • Wahnfriedstraße 1 • 95444 Bayreuth • 09 21 / 5 07 14 44

Beitrag 48:
Richard Wagner Museum • Richard-Wagner-Straße 48 • 95444 Bayreuth • 09 21 / 7 57 28 16 • www.wagnermuseum.de

Beitrag 49:
Erika-Fuchs-Haus – Museum für Comic und Sprachkunst • Bahnhofstraße 12 • 95126 Schwarzenbach an der Saale • 0 92 84 / 9 49 81 20 • www.erika-fuchs-haus.de

Beitrag 50:
Stadtmuseum Bad Staffelstein • Kirchgasse 16 • 96231 Bad Staffelstein • 0 95 73 / 33 10 30

Beitrag 51:
Friedrich-Rückert-Wohnhaus • Christel und Klaus Rückert • Friedrich-Rückert-Straße 13 • 96450 Coburg-Neuses • 0 95 61 / 6 63 08

Beitrag 52:
Museum Otto Schäfer • Judithstraße 16 • 97422 Schweinfurt • 0 97 21 / 3 87 09 70 • www.bibliothek-otto-schaefer.de

Beitrag 53:
Literaturhaus Wipfeld • Bachgasse 1 • 97537 Wipfeld • 0 93 84 / 9 73 00 • www.literaturhaus-wipfeld.de

Beitrag 54:
Erich-Kästner-Bibliothek • Steinmühle • 97516 Oberschwarzach • 0 93 82 / 69 54

Beitrag 55:
Das Lusamgärtlein befindet sich an der Nordseite des Neumünsters in der Martinstraße in 97070 Würzburg

Weitere Informationen erhalten Sie bei der Tourist Information Würzburg • Turmgasse 11 • 97070 Würzburg • 09 31 / 37 23 35 • www.wuerzburg.de

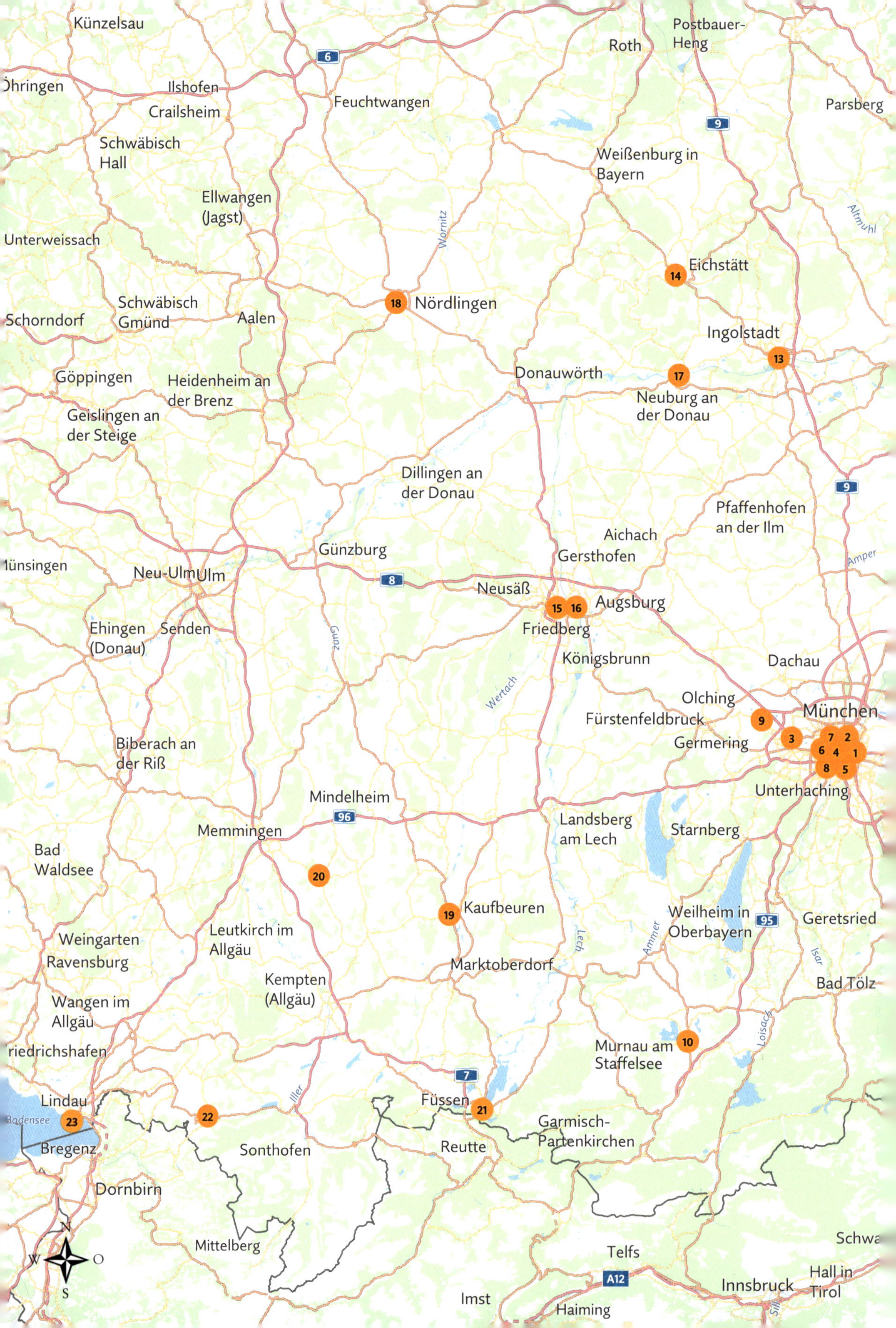
Künzelsau
Roth
Postbauer-
Heng
6
Öhringen
Ilshofen
Crailsheim
Feuchtwangen
Parsberg
9
Schwäbisch
Hall
Weißenburg in
Bayern
Ellwangen
(Jagst)
Wörnitz
Altmühl
Unterweissach
14
Eichstätt
Schwäbisch
Gmünd
18
Nördlingen
Schorndorf
Aalen
Ingolstadt
13
Göppingen
Heidenheim an
der Brenz
Donauwörth
17
Neuburg an
der Donau
Geislingen an
der Steige
Dillingen an
der Donau
9
Pfaffenhofen
an der Ilm
Aichach
Günzburg
Gersthofen
Amper
Münsingen
Neu-Ulm
Ulm
8
Neusäß
15
16
Augsburg
Friedberg
Ehingen
(Donau)
Senden
Günz
Königsbrunn
Dachau
Wertach
Olching
Fürstenfeldbruck
9
München
7
2
3
6
4
1
8
5
Germering
Biberach an
der Riß
Unterhaching
Mindelheim
96
Memmingen
Landsberg
am Lech
Starnberg
Bad
Waldsee
20
19
Kaufbeuren
Weilheim in
Oberbayern
95
Geretsried
Weingarten
Leutkirch im
Allgäu
Ammer
Lech
Isar
Ravensburg
Marktoberdorf
Kempten
(Allgäu)
Bad Tölz
Wangen im
Allgäu
Loisach
Friedrichshafen
10
Murnau am
Staffelsee
7
Lindau
Iller
Füssen
21
Bodensee
23
22
Garmisch-
Partenkirchen
Bregenz
Sonthofen
Reutte
Dornbirn
N
W
O
S
Mittelberg
Schwa
Telfs
A12
Hall in
Tirol
Innsbruck
Imst
Haiming
Sill

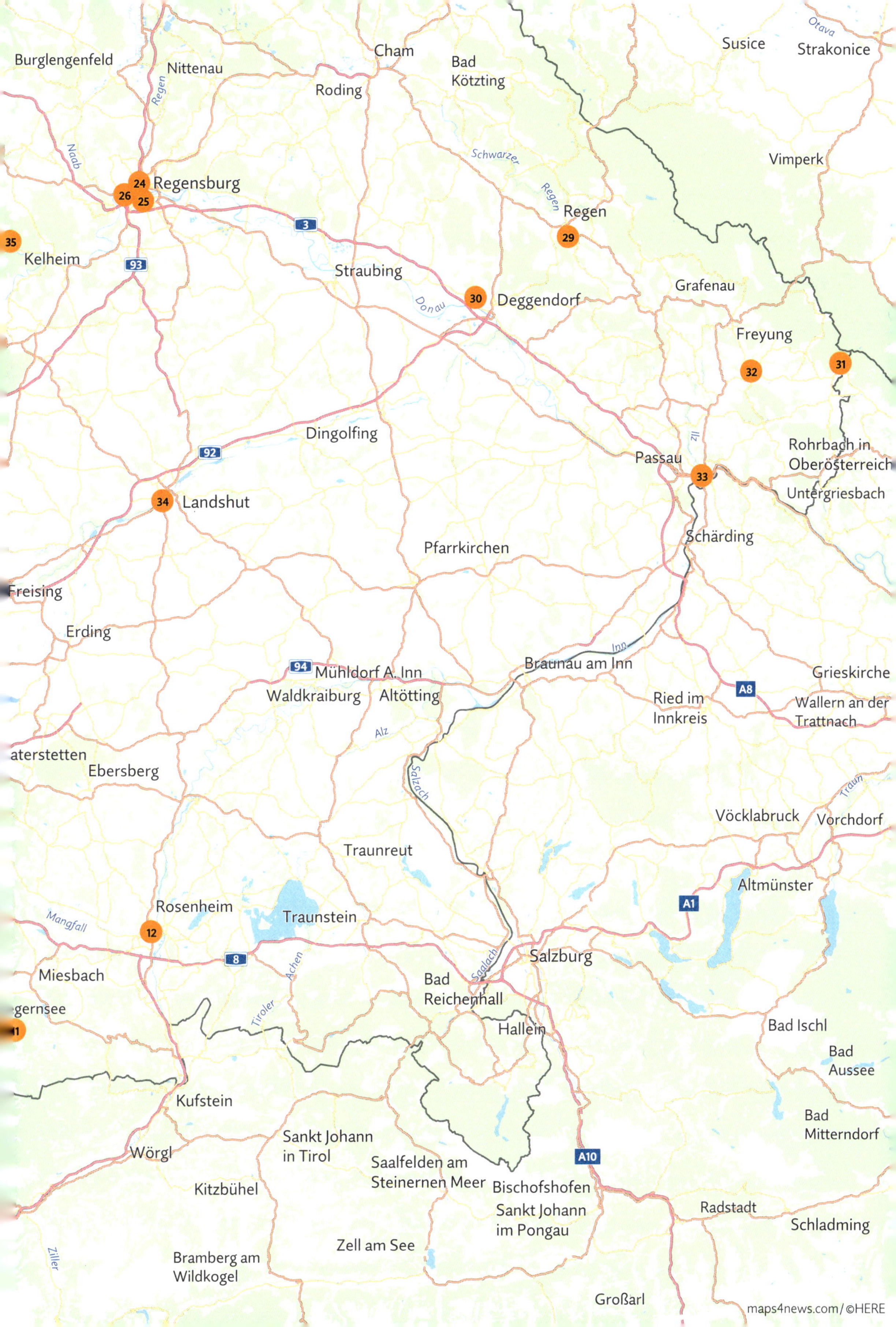
Burglengenfeld
Nittenau
Regen
Cham
Bad Kötzting
Roding
Susice
Otava
Strakonice
Naab
Schwarzer
Regen
Vimperk
24
26
25
Regensburg
Regen
3
29
35
Kelheim
93
Straubing
Grafenau
30
Deggendorf
Donau
Freyung
32
31
Dingolfing
Ilz
Rohrbach in Oberösterreich
92
Passau
33
34
Landshut
Untergriesbach
Schärding
Pfarrkirchen
Freising
Erding
Inn
94
Mühldorf A. Inn
Braunau am Inn
Grieskirche
Waldkraiburg
Altötting
Ried im Innkreis
A8
Wallern an der Trattnach
Alz
aterstetten
Ebersberg
Salzach
Traun
Vöcklabruck
Vorchdorf
Traunreut
Altmünster
A1
Rosenheim
Traunstein
Mangfall
12
8
Achen
Saalach
Salzburg
Miesbach
Bad Reichenhall
gernsee
Tiroler
11
Hallein
Bad Ischl
Bad Aussee
Kufstein
Bad Mitterndorf
Sankt Johann in Tirol
Wörgl
Saalfelden am Steinernen Meer
A10
Kitzbühel
Bischofshofen
Sankt Johann im Pongau
Radstadt
Schladming
Zell am See
Ziller
Bramberg am Wildkogel
Großarl
maps4news.com/©HERE

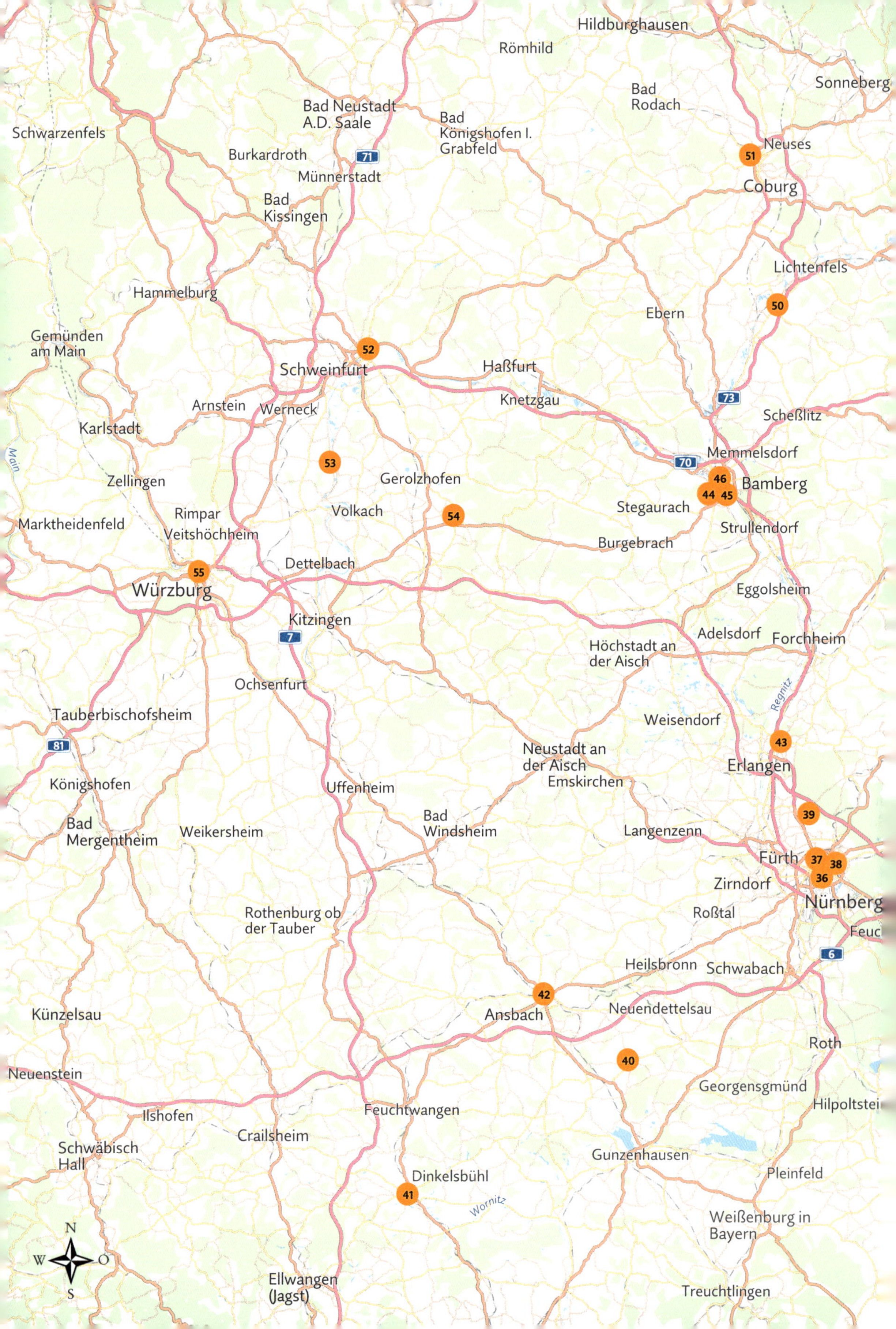

Hildburghausen
Römhild
Sonneberg
Bad Rodach
Bad Neustadt A.D. Saale
Bad Königshofen I. Grabfeld
Schwarzenfels
Burkardroth
71
Neuses
51
Münnerstadt
Coburg
Bad Kissingen
Lichtenfels
Hammelburg
50
Ebern
Gemünden am Main
52
Schweinfurt
Haßfurt
Knetzgau
73
Arnstein
Werneck
Scheßlitz
Karlstadt
Main
70
Memmelsdorf
53
Gerolzhofen
46
Zellingen
Bamberg
44
45
Stegaurach
Volkach
54
Marktheidenfeld
Rimpar
Veitshöchheim
Strullendorf
Burgebrach
Dettelbach
55
Würzburg
Eggolsheim
Kitzingen
7
Adelsdorf
Forchheim
Höchstadt an der Aisch
Ochsenfurt
Regnitz
Tauberbischofsheim
Weisendorf
43
81
Neustadt an der Aisch
Erlangen
Emskirchen
Königshofen
Uffenheim
39
Bad Mergentheim
Weikersheim
Bad Windsheim
Langenzenn
Fürth
37
38
36
Zirndorf
Nürnberg
Roßtal
Rothenburg ob der Tauber
Feuc
6
Heilsbronn
Schwabach
42
Künzelsau
Ansbach
Neuendettelsau
Roth
40
Neuenstein
Georgensgmünd
Hilpoltstei
Ilshofen
Feuchtwangen
Crailsheim
Schwäbisch Hall
Gunzenhausen
Pleinfeld
Dinkelsbühl
41
Wornitz
Weißenburg in Bayern
N
W
O
S
Ellwangen (Jagst)
Treuchtlingen

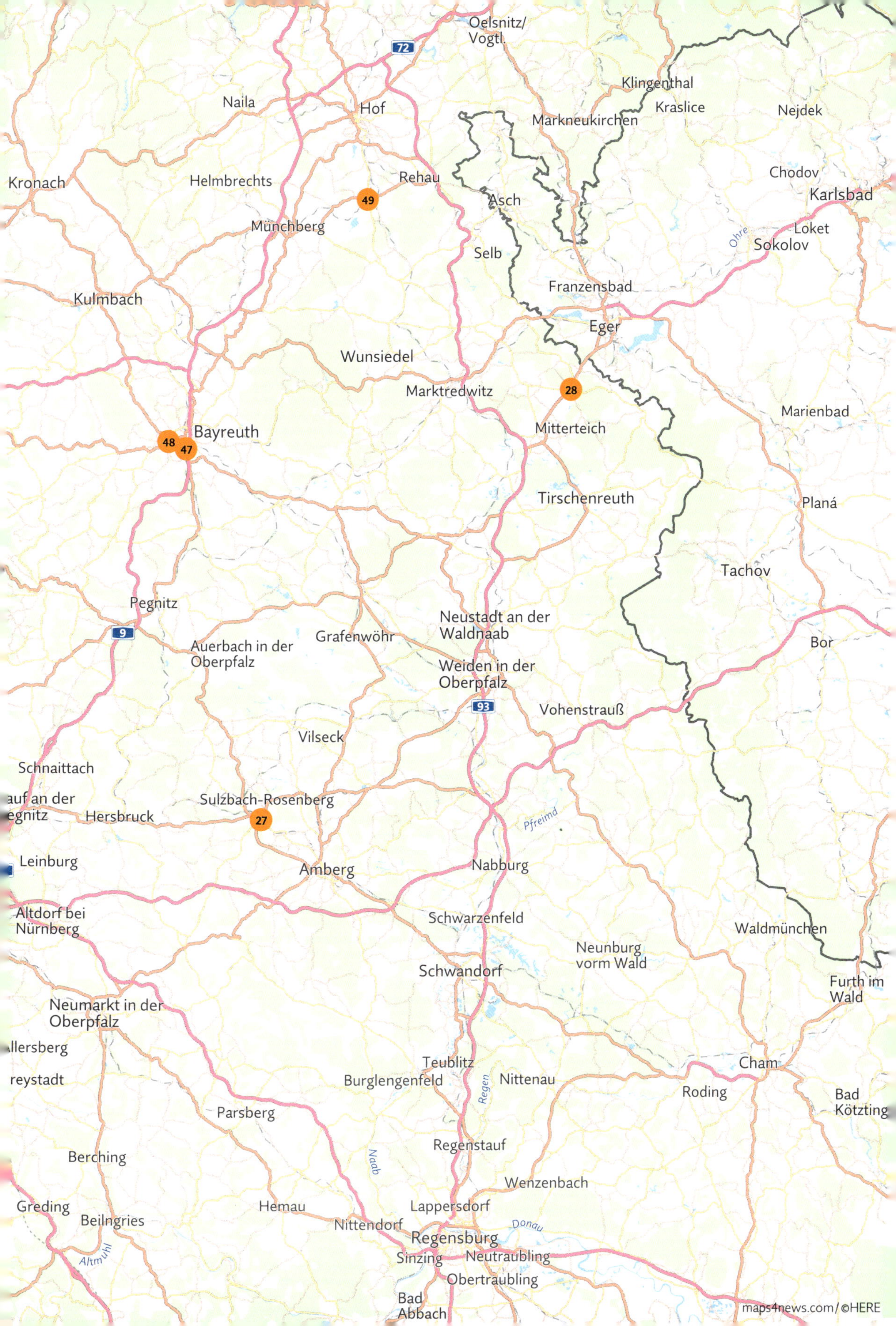

Oelsnitz/
Vogtl.
72
Klingenthal
Kraslice
Nejdek
Naila
Hof
Markneukirchen
Kronach
Helmbrechts
Rehau
Chodov
49
Asch
Karlsbad
Münchberg
Loket
Ohře
Sokolov
Selb
Franzensbad
Kulmbach
Eger
Wunsiedel
28
Marktredwitz
Marienbad
Mitterteich
Bayreuth
48
47
Tirschenreuth
Planá
Tachov
Pegnitz
Neustadt an der
Waldnaab
9
Bor
Auerbach in der
Oberpfalz
Grafenwöhr
Weiden in der
Oberpfalz
93
Vohenstrauß
Vilseck
Schnaittach
auf an der
egnitz
Hersbruck
Sulzbach-Rosenberg
27
Pfreimd
Leinburg
Amberg
Nabburg
Altdorf bei
Nürnberg
Schwarzenfeld
Waldmünchen
Neunburg
vorm Wald
Schwandorf
Furth im
Wald
Neumarkt in der
Oberpfalz
llersberg
Teublitz
Cham
reystadt
Burglengenfeld
Regen
Nittenau
Roding
Bad
Kötzting
Parsberg
Regenstauf
Naab
Berching
Wenzenbach
Greding
Beilngries
Hemau
Lappersdorf
Nittendorf
Donau
Regensburg
Altmühl
Sinzing
Neutraubling
Obertraubling
Bad
Abbach
maps4news.com/©HERE

BOVERS / BRÄU / KÖTHE / SCHETAR / SCHOENWALD / ULRICH,

Das Beste südlich von München

Wo auch blaue Gipfel ragen

978-3-8392-1870-9 (Paperback)
978-3-8392-4995-6 (pdf)
978-3-8392-4994-9 (epub)

VON ANDECHS BIS ZUGSPITZE Südlich von München glitzern Seen, Sonne, Gipfel – und natürlich laden Biergärten zum Verweilen ein. Doch auch abseits dessen, was jeder mit Oberbayern assoziiert, bietet das südliche Münchner Umland Lieblingsplätze für jede Kragenweite: Auf Herrenchiemsee wurde das Grundgesetz entworfen, im Pfaffenwinkel lockt Barock mit der Wieskirche und hinter Garmisch stehen auch neben dem Zugspitzmassiv Berge, die sich ohne viel Aufwand erklimmen lassen.

GMEINER KULTUR

WWW.GMEINER-VERLAG.DE
Mensch, Kultur, Region